「おしゃれ」になるにはコツがある

横森美奈子

文藝春秋

文春文庫 PLUS

「おしゃれ」になるにはコツがある◉目次

CHAPTER 3　流行とは、どうつきあうか？　83

CHAPTER 4　コーディネートのやり方って？　97

本文イラスト・横森美奈子

PROLOGUE

おしゃれって、何のため？

1. おしゃれは、毎日を前向きに生きるため！

気に入った格好の日は気分がいい

世界中で毎日さまざまな事件や現象が起こって、明日のことなどだれも予測がつかないような世の中です。ちょっと目を離しているだけで、社会の状況や身のまわりの環境までどんどん変わっていってしまいそうで、若い女性といえど、この目まぐるしい〝今〟というシビアな時代に生きている以上、日々パッチリと目を凝《こ》らして生きていかなくてはいけません。

しかし、そのような状況でも、そして景気が多少どうであろうと、ファッションやトレンドの情報というものは、おかまいなしに次から次へと発信され、飛びこんできて「いちいち振り回されたくなーいっ！」といいたくはなるものの、いくら忙しくてもお金がいっぱいなくても、私たち女性はやはり、「いつでもいつまでも美しくおしゃれでいたい！」と、思ってしまうのですから、ほんとうにたいへんです。

女性は気分に左右される生き物といいますが、特に着るものや身につけるものにいちばん密接で、顕著《けんちょ》にあらわれます。それは、女性の「身体《からだ》を守る意識」が男性より強い、という、本能的なことからきているのかもしれませんが、もうひとつはどんな苛酷《かこく》な状況であろうと「現状は現状」とうけとめて、同じことなら、少しでも楽しく自分が奮い立つようにしてしまう、女性特有の〝居直りパワー〟（？）ともいえる前向きな生き方のあらわれといえます。

たとえば、自分の格好が気に入っている日って、なんだかとても気分よく過ごせたりしませんか？　だれと会っても、自然に自分らしく振る舞うことができるし、トラブルだって思いのほか乗りきれたり、スムーズに運んでしまったり。

すごく落ち込んでいるときに、「エイヤッ！」といちばんお気に入りの服で出かけてみたら、なんだかスッキリしちゃった、とか、あまり元気ではない日に明るい色のセーターを着てみたら、やわらかな気持ちでいられた、とか。

女性は自分に対して「おしゃれ」とか「きれい」の自覚や自信がもてると、何をするにもパワー一〇〇万倍!!　になれることを、直観的に知っているともいえるでしょう。だから、つい服やお化粧やヘアスタイルなど、少しでも自分をよりよく見せてくれることにだったら、一所懸命になってしまうのです。そう何よりも、女性にとっての「おしゃれ」というのは自分を高めるためのものなのですから。

もし、女性であるのに（ほんとうは男性も、なのですが）おしゃれに対して興味がなくなったり、あきらめたくなってしまったら、それはもう「人生を捨てちゃった」みたいなものです。というとオーバーかもしれませんが、毎日服を着なければ生きていけないのですから、どうせ着るなら少しでも自分にとって気分がよく、見た目にも素敵なほうが、毎日をより楽しく過ごせるというものではないでしょうか。

おしゃれの悩みには共通点がある

「おしゃれ」を、そんなにむずかしく考えることはありません。特別な才能が必要ということではなく、ほんのちょっと「ものの見方を変えること」ができたり、「自分に対する見る目を変えてみようとする努力」をする気があればよいのです。そしてだんだんと〝コツ〟がわかってくれば、どんどん応用がきくようになります。

この本は「そうなれるには、どうしたらいいの？」と思う人への、アドバイス・ブックなのです。こんなよけいなお世話な本を書こうと思ったのも、ファッション・デザイナーとしての見地からうんぬんということではまったくなくて（もちろんプロとしての基礎知識には根ざしますが）、今までの自分の経験上、たとえば私がショップにいるときにいらした方たちとお話ししたことや、職業柄いろいろな人から服に関しての質問をうけたり、アドバイスをしているうち、こんなに自由でものも情報も豊かなのに「おしゃれに関しての悩み」を抱えている人って、意外と多いのだなあと、感じたことからでした。

それまで、世の中には「おしゃれに興味があっておしゃれな人」と「おしゃれに興味がなくておしゃれじゃない人」の二通りだと思っていたら、現実は「おしゃれに興味はあるのに、おしゃれになれない人」や「自分のおしゃれにキメがもてない人」という、悩みながら揺れ動いて、行きつ戻りつしている人というのが、たいへん多かったのです。

彼女たちは、はたから見たら一様に「おしゃれ」で、気をつかっているように見えたりするので、話しているうちに「そんなことに悩んでいたの？」と、私のほうが驚くようなこともありました。

そして、いろいろな悩みや質問に対処していくうちに、けっこう悩みのポイントというのは、年齢や職業や生活環境にかかわらず、共通点があるということにも気がついたのでした。

そこで、今までファッションの現場で目や耳にして感じたことや気がついた問題点を、いくつかの章に分けて丁寧《ていねい》に、かつ厳しく、分析・説明・アドバイスしてみようと思ったわけです。

「おしゃれになりたい！」なら、もっとランク・アップしたいなら、まず子供のように素直な気持ちになって、これを読みながら、新たな目で自分のことをチェックしてみましょう。思い当たることが多ければ、自分の今までのおしゃれの方向性に〝勘違い〟や〝思い違い〟があったことになります。

そして、読み終わったときには、おしゃれというものはそんなに特別のことではなく、ファッションやトレンドを鵜呑《うの》みにしなくても、またたいしてお金をかけなくても、その人なりにできるもの、ということがわかっていただけることでしょう。

2. おしゃれは、ほんの少しの勇気と好奇心

自分のことを正しく知る

あなたがおしゃれだと思う人を、なるべくたくさん思い浮かべてみてください。あなたの好きなタイプの服を着ているから、ということもあるかもしれないし、服の種類ではなくその人のもつ雰囲気かもしれません。何か共通点がありますか？　もしあったとしたらそれは、どんな服を着ていてもその人に合っていて、その人らしさが出ていることなのではないでしょうか。

個性的なデザインの服を着ていれば「個性的」になれるというわけではなく、ファッショナブルで高価なデザイナー・ブランドの服をいつも着ているからといって、かならずしも「おしゃれな人」といわれるわけでもありません。服に目がいってしまうのではなく、それを着ている人が素敵な雰囲気に見えなくては、意味がないのです。

そのためには、自分のことを正しく知って生かせることが、その人らしいおしゃれのできる、独自のイメージをつくれることになっていきます。この「自分のことを正しく知る」ことは、自分の客観的なイメージやコンプレックスもふくめて、当然わかっていることのような気がしますが、じつはいちばんむずかしい作業なのです。

家族や毎日顔を合わせている人の変化のほうが、意外とわかりにくいように、長年つき合っている〝自分〟というのは、けっこう〝馴《な》れ合い〟になっているので、そうは客観的に見られないものだし、思い入れも強いので、冷静に分析できにくいのですね。

その結果、はたから見ればそんなに気にならないようなところを、後生大事に自分の欠点や弱点と思い込んで、何を着るにもそこばかり気にかけて全体のバランスを悪くしている、ということに気がつかない、などというのは、実際目にした例としてとても多かったのです。

こちらから見れば、そこよりもっと気にしてほしいところがあったりするのに……！せっかく、すごく神経（と、時間と、お金も）をつかっているのに、根本（自分のこと）をハズしていると、効果的ではないどころか、逆効果になっている場合だって大いにあります。その原因のおもととなっていて、いちばん多いのが、

◆コンプレックスが間違っていること！

「自分のコンプレックスを知ることがおしゃれへの近道」と、よくいわれます。確かにそのとおりなのですが、でもなぜだかおしゃれがキマらない人は、その「コンプレックスが間違っている！」「勘違い、思い違いをしている！」ことがたいへん多いのです。

自分自身のこと（たとえば体型に関して）を、なんらかの理由で誤解・誤認識してい

るから、正しく対処できていないというわけですね。
次に多かったのが、

◆状況の変化についていけないこと！

一〇代の頃は、なんでも着たいものは片っぱしから手にとって、自由におしゃれを楽しんでいたはずなのに、社会に出たりシチュエーション（状況）が変わってしまったら、急にどうしていいかわからなくなって、またそのことをきっかけに年齢のことを必要以上に意識するようになってしまって、二〇代にして「昔はおしゃれだったのに……」なんていうのは、あまりに悲しすぎます。〝コンプレックス〟にしろ〝状況の変化〟にしろ、おしゃれでいたいのだったら自分に言い訳をつくってしまってはおしまいです。「今現在のあなた」を、ちゃんと正しく認識することができなければ、絶対におしゃれな人にはなれないのですから。

「おしゃれに自信のある人」は、この本を読む必要はないかもしれません。でもそんな人でもちょっと迷ってしまったときや、突然困ったときには、ヒントとして役立つこともあるでしょう。

逆に「全然ファッションに興味がない人」も、読んでくださったらうれしいです。どこか何か身近な部分で、絶対ちょっとは思い当たることや、少しは役立つことがあると思うし、今までよりファッションやトレンドというものへの距離感がなくなって「なあんだ、こんなことだったのね」とか、「じゃ、ちょっとだけトライしてみようかな……！」なんていうことになったら、とっても楽しいではありませんか？

世の中、素敵な人がいっぱい増えたら楽しいし、おしゃれは、自分のためだけならず！　自分もハッピーで、そしてまわりの人もいい気分にしてくれるものなのですから。

この本を読んでいて、ちょっとでもピンとくることがあったら、即！　鏡の前へ行ってチェックしてみる行動力と、自分を今までと違った目で見ようとする、ほんの少しの勇気と好奇心さえあれば「新しい、おしゃれなあなた」が、もう、すぐ目の前に待っているはずです！

では、いざ、スタート!!

CHAPTER 1

似合う服とは？

1.〈セルフ・イメージ〉をもちましょう

どんなイメージの女性に見られたい?

〃テキトーにおしゃれな感じ〃に見えるのに、「今ひとつキメがもてなくて……」という人が意外といます。ショップにいるとき、なかなかスッキリした着こなしの女性がいらして、とてもいい感じだと思っていたら「私って、どんな服が似合いますか?」と、自信なさそうにいわれたので「ええっ、なぜそんなことを?!」と、戸惑ってしまったことがありました。パーティーなどでは私がデザイナーというと、初めて会った人でもいきなり「ところで、私ってどういう服が似合うと思いますか?」とたずねられることもあります。そういうとき、私は「では、あなたはどういう女性に見られたいですか?」と、逆に質問することにしています。

もしもプロの手にかかったならば、女の人の見かけなんて、ヘアスタイルからメイクアップ、そして着るもののコーディネートなど、どんな服だって色だって、ある程度〃似合わせる〃ことは可能です。

たとえば、私たちからしたら羨《うらや》ましいかぎりのモデルさんでもやはり人の子、オールマイティーになんでも似合うわけではないので、ファッション雑誌に載っている素敵な写真は、ヘア&メイクアップ・アーチストやスタイリストの優秀な技術やセンス、ライティングで雰囲気や立体感を工夫したカメラマンの技術など、大勢のスタッフが細心の注意をはらって、寄ってたかって(!)長い時間をかけて、目的に向かってイメージを操作したうるわしい結果なのです。

そのようなことをすれば、だれだってかなり〝変身〟できるといえますが、その人自身のキャラクターや現実の生活の背景とそぐわなければ、せっかくの手間も努力も虚《むな》しいことになってしまいます。ですから現実のシチュエーションのなかで、まずあなたが「どういうイメージやタイプの女性に見られたいか」という目的や意思(セルフ・イメージ)が必要で、それがなくてはアドバイスもできないということになります。「なんとなく似合う服を……」というならば、「なんとなくな感じの人になりたい」という意味になってしまうのですよ。

(裏話:服を売る立場からだと、こういう人って〝よいお客さま〟になりそうな感じがしませんか? ところが逆で、何をすすめても〝基準〟がないので反応もとりとめがなく決まりにくいのです。ショッピングだってコミュニケーションがちゃんと取れなくてはお互いよい結果にはなりません)

よく雑誌などで目にする「あなたには、どういう服や色が似合うのか?」というアドバイスは、〈体型〉〈顔型〉〈肌の色〉などのディテールの分析からくるものが多いようで、もちろん参考にはなりますが、人のイメージというのは、実際はもっと大ざっぱな全体の印象や雰囲気が先にくるものなので、まず細かいことよりも自分自身の〈セルフ・イメージ〉を設定することからはじめるのが、わかりやすいのです。

たとえば「活動的」「元気」「おしとやか」「上品」「知的」といったような、自分のなりたい漠然《ばくぜん》としたイメージをもつことでもよいし、〝だれかさんのようになりたい〟という具体的なイメージでもよいのです。そのイメージにそって、自分に取り入れるべきものを探していきます。

テレビを見ていたって、街を歩いているときだって人はいっぱいいますから、自分のイメージづくりの参考になりそうなところがあったら、ひたすらピックアップすればよいわけです。逆に「あんなふうにはなりたくない！」という消去法だって役に立ちますね。

服装にかぎらず、ヘアスタイル、メイクアップ、話し方から、しぐさ、態度まで、見ようと思えば、ヒントはいっぱいあります。どこか自分に似ているところのある人（体型や、年齢や、顔色や、雰囲気、タイプ、ヘアの感じなど、なんでも）を探すと、比較的参考にしやすいということもあります。

〝自分のベース〟と〝ピックアップした部分〟によって、だんだん〈セルフ・イメージ〉を合成して自分の持ち味にしていくのは、いちばん手っとりばやくて、ある意味では〝まっとうな方法〟であるともいえるのです。いきなり自分の思い描くイメージどおりにはなれなくても、ちょっとでも近づこうとする努力が必ずよい結果につながります。

裸では生きられない可哀相《かわいそう》な動物である人間にとって、服は〝皮膚〟のように内面と表裏一体のものです。〈セルフ・イメージ〉をもつことによって、外面の操作が内面のサポートになる効用もあり得るのですから、おしゃれをうまく利用すれば、自分の人格形成上にとっても助けとなるので、おおいに努力するかいがあるというものです（と、思いっ切り正当化してみました！）。

だから、私は街を歩くのが大好きです。ショッピングしながら、なんとなく人を見ているのが好きです。単純な好奇心と、今どんな人がどんな格好をしているのか現実の空気を肌で知っていたいということもあるし、仕事のヒントになることを探している場合もあります。「自分のおしゃれのために参考になる人がいないかどうか」というのは当然チェック、素敵な人にはいつでも影響されたいから。たとえば趣味の違う服装でもキマっている人だったら素直に感心したいし、おしゃれなシニアの女性を見かけたら「私もこんなふうになれたらいいな……」と、今の自分に直接役立たなくても、素敵とかよいと思った印象を心にとめておくことで、いっぱい〝おしゃれの引き出し〟にストックができていくことはとても大事なことなのです。

2. ところであなたの〈基本イメージ〉は？
どんなイメージの女性に見られているか？

さて、〈セルフ・イメージ〉を実現するのに注意しなくてはならないのが、もともと自分のもっている〈基本イメージ〉です。たとえば、着ている服にかかわらず直観的に、よく「なんか、クラい感じよね、あの人」とか「派手っぽい人だなあ」などと思うことってありますよね。そのような〈基本イメージ〉はいわば体質のようなものなので、簡単に変えることはできないから、それをはっきり自覚（認識）しなくては前に進めないということになります。自分を直視することは、ちょっと痛いかもしれませんが、知ってしまったほうが「楽になる……」のですよ！

日常的によくいわれるものをあげてみると、

明るい……快活、元気、子供っぽい、いい人っぽい、軽い
暗い……性格が暗い、不健康、神経質、老けて見える、深い、知的に見える
派手……目立つ、リーダーシップ、活動的、享楽的《きょうらくてき》、知的に見えない
地味……目立たない、おとなしい、脇役、知的、上品、おしとやか

と、連想されるイメージは単純すぎるかもしれませんが、意外と現実的に受ける印象であることも否定できないでしょう？

どれに当てはまるにしろ、自分のタイプに完全に満足している人はいません。また、どのタイプがいちばん〝得をする〟ということもありませんし。なにかとないものねだりになりがちなところを、冷静かつ客観的になって、自分の基本イメージを分析してみることです。信頼できる友人に聞いてみてもよいかもしれません。「私って〝暗い〟印象？　正直にいってみて」とかね。

結論からいうと、自分の基本イメージをわかったうえで、なりたい〈セルフ・イメージ〉に向かって、バランスを取りながらいろいろな要素をコントロールしていく、そのバランス感覚が〈センス〉ともいえます。たとえば〝派手〟な基本イメージの人の場合、さらに派手に見せたいのか、ある程度抑えたいのか、なるべく地味にしたいのか、によって選ぶものや方法がまったく違うことになりますね。

自分の見かけに責任を

子供の頃からなぜか〝派手〟なイメージの私は、必要以上に目立ってしまうことが、とてもイヤでした。高校生のときなど、タバコもお酒もデートも、ましてや外泊もしたことがなかったのに(勉強もしなくて、絵ばかり描いていて、ビートルズやストーンズに夢中でしたが)、自分の基本イメージが〝派手〟というだけで「不良扱い」され、先生からも同級生からも色眼鏡《いろめがね》で見られて、すでに世の中の理不尽《りふじん》さを味わっていました。男の子からは敬遠されるし、じつに私は〝派手〟ゆえに〝暗い〟高校生時代を過ごしたのでした。思春期をさんざん悩んだ末に、「見かけと中身は、関係ないっ、私は私！」と、やっと居直れたときから「どうせ、そう見られるのだったら」と人の目をいちいち気にせず、また人に媚《こ》びようとも思わず「自分の思う自分のイメージ」を追求しようと思ったのです。

特にファッション・デザイナーになりたいと思っていたわけでもないのに、引きよせられるようにこの仕事をすることになってしまったのも、比較的〝派手〟なイメージの世界なので自分が特別に見えなかったり、なにかと自己主張を尊ぶ風潮もあって居心地がよかったのかもしれません。

そしてもとが〝派手〟だと、つけ加える要素が多ければ、即〝やりすぎ〟〝嫌み〟〝下品〟にもなりがちなので、昔から男物の服(父や弟のお下がりとか)を着たり、そっけないくらいシンプルなデザインのものを好む傾向になったのだと思います。

自分のイメージや見かけに気をつかうのは、自分自身を大切にしているということです。単におしゃれにうつつをぬかすということではなく、逆に切り捨てなくてはならないものもあったり、ときとしては真剣な選択も要求されるような、キビシい部分もあることなのです。日常では何かと「人は見かけ」で判断されることは多いのですから、自分の〝内容〟に絶対的な自信があって「見かけなんかどうでもいいのっ」と、勝負に出ている人はかまいませんが、そういう人以外は「自分の思う自分のイメージ」にそって、自分の見かけに責任をもつよう努力しましょう。

この世にたったひとりしかいない大事な〝自分〟を、生かすも殺すも自分の努力次第、「そんなたいへんな面倒くさいこと、ずーっとやりつづけるわけー?」そうです、はっきりいって、おしゃれ＝努力なのですから。

私の知るかぎり、「おしゃれな人で努力していない人は絶対にいない！」と、断言できます。ただ、その努力を全然感じさせないで、いかにもさりげなく無造作に見せる、というのもテクニックのうちですから、ダマされないように（?）しましょう。

3．「知的に見える」服選び

「大人っぽい」と「老けている」は違う

「自分の思う自分のイメージ」は、1の〈セルフ・イメージ〉と、2の〈基本イメージ〉を組み合わせると何通りにもなりますが、ひとつの例として、たぶんだれでもそう見えたくない人はいない「知的なイメージ」のことを分析してみましょう。

〝知的〟というと、どんなイメージの女性を想像しますか？ 映画に出てくるような、仕立てのよいテーラード・スーツに身を包み、背筋を伸ばしてさっそうと歩いていくワーキング・ウーマン？ 色だったらベージュ、グレー、紺、黒などのシックなトーンでしょうか？ でもそんな服装でも、「いつも着方がワンパターンでたくさんの服を取っかえ引っかえ」では、あまり現実的には知的という印象ではなくなってしまいますね。

ただやたらに多く服をもっていることは、今どき羨ましいことではなくて、〈コーディネート能力〉（詳しくは「CHAPTER 4」で）があることのほうが、羨むべきことでしょう。〝いかにも〟なキメキメの服装よりも、ひとつのアイテムをいろいろなシチュエーションに合わせてアレンジして着られる人のほうが、頭がいい感じで現代的、仕事もできそうで、生活もちゃんとしているように感じませんか？

よく「童顔なので、仕事ができないように見えるとくやしいし、かといってあまりカタく見えるのも老けて見えるのもイヤ」というような相談もあります。フリーランスの人や、個人が窓口になるような仕事の人の「信頼感と好感をもたれるような服装は?」というのも近い内容です。

そういう場合、〈テーラード・ジャケット〉は、手っとりばやく条件を満たしてくれるアイテムですが、そんなにカタい感じはちょっと、とか、そこまでの必要はない、とか、つまらない感じがすると思う人も多いようです。

ひとくちにテーラード・ジャケットといってもいろいろなタイプがあるうえ、コーディネート次第では、とても着方のアレンジがきくものなので、わざわざカタいとか、つまらないイメージで着ることはないのです。

たとえばスーツほどあらたまる必要がないなら、単品のジャケットで十分です。ある程度きちんと見えるベーシックな型で、色は濃いグレーや、紺、黒だったらどんな色やアイテムにも合わせられるし、素材は薄手のウールなら年間スリーシーズンは着ることができます。では、思いつくままに、日常的なインナーやボトムと組み合わせてみましょう。

単品ジャケットに、

＋同色や近い素材のボトム＝スーツっぽく、かなりきちんと見えます。
＋ワイシャツ＋ウールのパンツ、またはスカート＝清潔感のある、きちんとした印象。
＋ニットのインナー＋ソフトパンツまたはチノパンツ＝少しリラックスした感じ。
＋プリントまたはカラーのシャツ＝きちんと感はあって、若々しく元気はつらつ。
＋衿あきの大きいインナー＋ロングスカート＝シックで、女らしい感じ。
＋膝《ひざ》丈ワンピース＝女らしいけれど、元気な感じ。
＋Tシャツ＋ジーンズ、またはスリムなストレッチパンツ＝オフの日のお出かけ。

と、手もちのアイテムにほとんどなんでも合わせることができて、全然違った印象になるうえ、それぞれ感じがイージーになりすぎないというのは、知的で大人っぽいイメージを目指す人には、とてもメリットではありませんか？

仕事上だけではなく、時と場合に応じてきちんと見せたい、ということでも、こういうジャケットが一枚あると重宝です。というより、「一枚ですんでしまう（！）」といえるかもしれません。

ジャケットは体型の〝七難隠す〟

　しかし、もっときちんと見せることが必要な人や、ワンランク・アップを望む人は、やはり〈テーラード・スーツ〉ということになりますが、膝丈のタイトスカートにハイヒール・パンプスの〝いかにも〟的なパターンは、かえってハマリすぎでリキミすぎる感じがしたり、逆にそっけなくユニフォームのように見えたりもして、意外とおしゃれっぽく着るのが難しかったりもします。

　状況が許すなら、〈パンツスーツ〉は、今日的な女らしさがあるうえ、おしゃれ感を出しやすいので、好ましいと思っています。もともと服の着方としては、肌をなるべく露出しないほうが洗練度は出やすく、また、服としては〝女らしくない〟デザインを着て、逆にそのコントラストで女らしさを引き出すというのも、やはり洗練されたテクニックといえるからです。

　そういえば、首すじや手首など、かぎられた身体《からだ》の部分で女らしさを際立たせる、というのは〈和服〉を着たときの見え方と近いものがあるかもしれません。ひょっとして、日本女性は着物の次に、パンツスーツが似合う（?!）。それはともかく、そのうえ活動的なのですから、いうことはありません。

ちょっと前まで「女はズボンをはくな、という男性上役がいるので着たいのにダメなんです……」などという話がありましたが（短いスカートしかダメということ！）、さすがに最近は聞かなくなりました。もしあったとしたら、今や一種のセクハラになってしまいますものね。

テーラード・ジャケットのような、きちんとした服を着て「大人っぽいイメージ」になることを、〝老けたイメージ〟とダブらせてしまって、まともな服装を敬遠したがる人もいますが、選び方や着方次第のことなので〝食わず嫌い〟では、損をしてしまいます。

ほんとうは、大人っぽいということは「一人前に見えること」で、つまり自立した人格のことですから、老けて見えるのとは、全然別のことなのです。「大人っぽくて、若々しい」というのは矛盾することではなく、だれもが憧れるべき、たいへん素敵なイメージです。逆に「若くも見えないけれど、自立してそうにも見えない……」ケースだってあり得ることですから。

テーラード・ジャケットは、確かに便利でいろいろ活躍してくれる服ですが、そういう理由以外でも、もし仕事をしていなくても、私はこのアイテムが好きです。着ると、背筋が伸びて凛々《りり》しい気分になるし、ちょっと元気や自信がないときでも、背中をひと押ししてくれる心強い味方でもあるからです。

そのうえジャケットは、体型の〝七難隠す〟アイテムということを知っていましたか？（詳しいことは、次の〈体型〉の章で！）

あと注意したいのは、アイテムにかかわらず服の素材感が良質な感じ、というのは、着る人を品よく見せてくれるので「知的で大人っぽいイメージ」であることに通じます。しかし、高級感やグレード感をいたずらに強調してしまうと、かえって落ち着きすぎたり〝濃い〟感じになって、若々しい印象がなくなってしまうので注意しましょう。

自分にしっくりくる感じを大切にして、〝安っぽい〟〝薄っぺらい〟とか、〝ケバケバしい〟などの色や質感・素材感を避ければ十分だと思います。

CHAPTER 2

正しい体型コンプレックスを！

1. 着やせポイントは必ずある

〈全身のうつる鏡〉を買う

とにかく女性だったら、体型のことを気にかけない人はいないといえるほどで、そして、いちばん悩んでいることですね。そういう重大な問題なので、真剣に、かつ絶対にすぐ生かせそうな即効アドバイスをいろいろ提案したいと思います。

そのためには、ここでは〈全身のうつる鏡〉と徹底的につき合う覚悟をしてください。とにかく〝全身で見る〟ことが大切で、洋服の場合は靴まで履《は》いて〈全身〉ということになります。こうしてみないと、意外とわからないことが多いので、面倒くさがらずに新聞紙を敷いてでもそうやって見てみましょう。

そして体型のいろいろな部位に対して、〝誤った思い込み〟や〝勘違い〟がないか、チェックしていきます。意味のない、役に立たないコンプレックスは捨てて、〈正しいコンプレックス〉に正しい対処をしていきます。

読んでいて思い当たることがあったら、鏡の前で、即、ほんとうかどうかチェックしたり、実際に試してみましょう。ええっ！　全身のうつる鏡をもっていないのですか？　それは困りますね。おしゃれになりたいのでしょう？　スタイルよく見えたいのでしょう？ だったらブラウス一枚買うのをがまんして鏡を買いましょう。ちなみに身長と体の幅の、それぞれの半分の寸法さえあれば、全身はうつります。

コンプレックスは隠すのではなく、〝目くらまし〟する

いちばん最初に頭に入れてほしいのは、体型をよく見せるためには、あまり細かいところにとらわれず〈全身のバランス〉で見ることなのです。気にしている部分だけを見ていると、どうしても全体でのバランスがとりにくく〝弱点〟をカバーできなかったり、逆に目立たせてしまうことだってあります。全体のシルエットをバランスよく整えたり、イメージや雰囲気がよければ、ふつうは細かいところへはあまり目がいかないものなのですから。

とにかく、体型のどこかの一部分を必要以上に気にしすぎているという例は、たいへん多いのです。コンプレックスだからといって、ひたすら隠すのではなく、ちゃんと観察、分析することによって、カバーする方法はあるものです。

たとえば太めの人が、ルーズなシルエットのものを着て体型を隠そうとするのは、はっきりいって逆効果です。まず、ただ「太っているから……」という漠然《ばくぜん》としたイメージではなく、顔とのバランスは？ 首は？ 肩は？ 胸は？ ウエストは？ など、そ

の部分がどうなっているかによって、〝着やせポイント〟は必ずあるのですから、このあとの項目を読んで見つけてみましょう。

体型は同じでも、イメージは、ずいぶん変えられるものです。太めの人は、ゆったりルーズなものよりも、あまりよけいな分量のないメリハリのあるきちんとしたシルエットの服のほうがスッキリ、シャープな印象になるので、スリムな印象になります。同じ太めの体型だったら〝デブ〟よりも、〝グラマー〟や、堂々と〝立派〟なほうが、カッコいいではないですか？ 考え方を変えるだけで、見え方はまるで変わります。

いろいろな細かいアドバイスやテクニックは、このあとにつづく〈実践！ 部位別・詳細説明および対処法〉をじっくり読んで納得したら、鏡の前で研究してみましょう。

ダイエットやエクササイズもけっこうだし、体型をよくするために努力することはもちろんよいことですが、自分の体型を的確に把握していないでただやせようとしたり、むやみに高いお金を使ったりというのはナンセンスです。

体型というものが、そんなに簡単には変えられないものならば、体重の増減に一喜一憂したり弱点を気に病むよりも、〝目の錯覚〟でも〝気のせい〟でも、なんでも利用して、服を着ることによって体型の見せ方を操作することができれば、いちばん楽で手っとりばやいわけです。

Fat....
Glamour!

2．和服体型と洋服体型は正反対

洋服体型に見せる方法

多くの人と話していていちばん問題だと感じたことは、自分の体型に対しての見当違いのコンプレックス、勘違いのコンプレックスでした。そしてそのおおもとの原因は、〈和服体型〉と〈洋服体型〉の認識の違いからということも意外な発見でした。

日本に洋服が入ってきてから一〇〇年以上もたち、だれもが毎日なんの疑問ももたず当たり前のように着るようになって五〇年もたつのに。そしてその間、ただ着るどころか世界に向かってファッション・トレンドの発信もし、消費も上昇し続けて今や世界的にもファッション大国になってもいるのに……。

和服は、日常的には着る機会も見かけることも、どんどん少なくなってしまっているにもかかわらず、若い女性の体型に対する認識が、「ひょっとしたら、〝着物美人姿〟なのでは？」と思えるような、不思議な気分になることがあります（きっと、お母さまやおばあさまにいわれたことを、ずっとそのまま素直に受けついできてしまったのでは？）。

考えてみればわかることなのですが、洋服と和服では体型に対して美しく見えるための条件が正反対といえるほど違います。もしグラマーな外国人女性に和服を着せる場合、なるべく体の凹凸をなくすように胸には晒《さらし》を、くびれたウエストにはタオルなどを巻いて〈ずん胴〉に体型を整えなければ、うまく着せることができません。きちんと張った肩も〝えもん掛け〟のようになって、優雅に着られないポイントのひとつになってしまいます。洋服の場合はまったくその逆で、肩や胸や腰などにある程度のボリュームがないとメリハリがつかず、洋服らしく着られないことになってしまいます。体型に対しての〝立体感〟のとらえ方がまったく違うというわけです。

だから、昔から伝統的（？）にいわれている〝着物美人〟を基準にした体型の弱点である鳩胸、出っ尻《ちり》、いかり肩、それに首が短いなどということがらは、〝洋服美人〟になるためには、ほとんど意味がないことを、まずわかってほしいのです（今どき、こんなことを口にするのはほんとうに時代錯誤！　なのですから）。

そして、現代女性として、自分の体型をもう一度チェックし直してみましょう。自分が〈洋服体型〉と〈和服体型〉のどちらに近いかでも、どの部分はどっち、というように見てもよいです（たぶん〝複合型〟がいちばん多いはずですから）。

〈洋服体型〉	〈和服体型〉
＊身長……高いほうが有利	＊身長……ふつうから低め

＊首……短くてもかまわない
＊肩……肩幅がきちんとあり
〈いかり肩〉もＯＫ
＊胸……体の厚みとしても、
あるほうがよい
＊ウエスト……くびれているほうが
よい
＊ヒップ……張り出している
＊脚……なるべく長いほうがよい、
細くて引き締まっている

＊首……長いほうがよい
＊肩……肩幅は狭めで薄く
〈なで肩〉がよい
＊胸……なくてもかまわない、
大きすぎはダメ
＊ウエスト……くびれていなくて
よい
＊ヒップ……平らである
＊脚……長すぎはバランスが悪い、
太くても、見えない

と、大ざっぱにあげても、このくらいわかりやすく違いますね。

まず、自分はいったいどうなのか、確かめたうえであなたの〈洋服体型〉ではないと思える部分を、どう操作してそう見せることができるか、ということを考えればよいわけです。

私は〈和服体型〉からすれば、かなりのナイス・バディー（？）なのですが、洋服を

★〈和服体型〉と〈洋服体型〉は正反対といえます。

着ることが好きなので（デザイナーということもあるし）、いちおう洋服に適応したような体型に見せています。だから私の和服姿は友達もビックリするくらい別人で、まったく体型も違って見えるくらいなのです（最近は全然着なくなりましたが、子供の頃から日舞やお茶を習っていたこともあって、ひとりで着られましたし）。しかし、〝別人に見える〟ということは、当然、そこにはなんらかの操作や工夫があるはず……なのだから、説得力あるでしょう？

さて、やっと次から〈実践！ 部位別・詳細説明および対処法〉になります。すべての項目にいえることですが、まず、今までの自分のコンプレックスをいっさい忘れて、新たな気持ちになって読んでください。

そして、なるべく冷静に、客観的に、見てみる努力が必要です。

自分のコンプレックスを大ゲサに考えないで、「ハタから見たらそんなにたいしたことじゃないんだわ」くらいの気持ちになれることが、よりよい結果につながるのですから。

とにかく、自分のよいところ、生かせるところはさりげなくフィーチャーして、弱点には目がいかなくなるようにする、という大基本を頭にしっかり入れてかかりましょう。

3．顔はもちろん小さく！

小顔をつくるタートルネック

だれでも小さく見せたい顔、確かに〈小顔〉のほうがキュートに見えたり、頭が小さいとスタイルがよく見えることは事実です。エステ通いや顔やせクリームもけっこうですが、そう見せるだけだったら、服の着方だけでもOK。「ええっ、そんなことって……？」でも、あるのです。それには、鏡でいくら顔ばかり見ていてもダメ。その前に自分の顔のバランスがベストな見え方をしているかどうかを、きちんとチェックしてみなくてはいけません。

たとえば顔の大きさや輪郭《りんかく》のことを気にしている人にかぎって、タートルネックやハイネックを敬遠していませんか？　現実に、今まで私が接した、最多の部類に属する偏見に満ちた〝タブーアイテム〟になっていました。しかし、じつは、それはまったく逆！　ほんとうは、着ただけで簡単に〈小顔〉に見せられるアイテムなのです。

信じられなければ、〈全身のうつる鏡〉の前に立ってみてください。そしてタートルネックを着て（なければ着ているものと同色に近い布切れなどを首にあてて）、実験してみましょう。タートルの首の部分をあごから首の下まで、上げ下げしてみてその位置で、全体にとっての顔の大きさがどう見えるか、よく観察してみてください。イラストのように自分では顔の終わりは、あごだと思っていても、不用意に首の肌色の部分を出しておくと、顔のつづきになってしまい、顔をあいまいに大きく見せます。顔と首との境目がはっきりしない人、つまり二重あごの傾向や、あごの引っ込んでいる人は、特に注意です。

肩の位置が高いほうが背高に見える

首が短いことを気にしている人も、首まわりがなんとなく開いている中途半端な衿ぐりを好む傾向があって、これも絶対に損です。この実験をやってみれば、顔の輪郭がスッキリ見えて、かえって首の長さも気にならないことがわかるはず。

そして前の項目であげたように、首が短いことは〈洋服体型〉にとっては直接的なダメージではないのだから、気にしすぎないこと。たとえば、同じ身長だったら肩の位置が上にある人のほうが、絶対に背が高く見えるのですから。だから首が短いのは、肩の位置が上にあるということなので、背が高く見えるためには有利になります。

ショップで、私のアドバイスに半信半疑の〝タートルネック嫌い〟の人に無理やり着ていただいてこの実験をすると、ほとんどの人がハッと我にかえって「顔が引き締まっ

★ちびの"タートルネック嫌い"は損をします。

て見える!」「顔が小さく見えるからスタイルがよく見える!」とか、顔の形がどうのこうのよりも「スッキリ、シャープな印象になる！」と、即、その日から感動の〝タートルネック、ハイネック党〟になる方がほとんどなのですよ。

それまで小さな鏡で、顔の一部の丸いとかエラが……とかだけを気にしすぎていて〈全体に対しての顔〉というバランスで、見ていなかったことになります。

ひとつでも自信をもって着られるアイテムが増えるのはうれしいし、それにタートルネックが、着ただけでおしゃれに見えるアイテムなのは、その人の顔自体の個性や表情を引き立たせてくれるものだからでしょう。昔から、アーチストや俳優、ミュージシャンに愛用されていたのも、こういう効果があるからです。タートルネック好きの人は、たぶん、さりげなくこの効果を知っているのでしょう。

「じゃあ、一年中タートルネックを着なきゃいけないじゃない？」って、そんなことはありません。要するに、顔の面積に影響を及ぼさないように、首や衿もとの肌の面積を中途半端な見え方にしなければよいのです。極端にいえば、衿あきを目いっぱいツメるか、思いっ切り開けるかの、どちらかにしたほうが〈全身のバランス〉にとって効果的になります。たて長感を出すVネックや、シャツなど衿付きのものも、ボタンの開け方などでたて長ゾーンを上手につくればOKなのです。

服の選び方と全身のバランスで見ることで、かなり顔の見え方は違います。自分のもっているいろいろな衿あきのものを取り出してみて（できれば濃い色のほうがわかりやすい）、鏡の前でいちいち着てみましょう。「どの衿あきが、顔を小さく、スタイルをよく見せてくれるのか？」を基準に見比べてみると、それまでのデザインや色・柄などの好き嫌いが、少し変わってくるかもしれません。つまり、好きなものが、必ずしもあなたをよく見せてくれるとはかぎらない、ということもあるのです。（なお、ヘアスタイルなどの顔まわりのことで、顔や頭を小さく見せる方法は、CHAPTER 6で！）

4．肩は下半身肥大を救う！

下半身肥大ではなく、上半身貧弱

肩のことを気にする人もけっこう多いようですが、おおいに〝正しく〟気にしてください。なぜなら、体型のバランスをとり、カッコよく洋服を着こなすための二大ポイントが、〈肩〉と〈腰〉なのですから、上手に気をつかえばつかうほど〝キマる〟ということになります。

そして〈肩〉でこそ、私たち日本人女子の特徴とされている〝下半身肥大〟を目立たなくする操作ができるのですから！

「ええっ！　どうして？」と思いますか？　じつは冷静に見てみると、私たちは下半身肥大ではなく、どちらかというと「上半身が貧弱」なために「比較的しっかりした下半身が目立ってしまう」という場合のほうが多いのです。そうだったら、上半身に適度なボリューム感をもたせ、ヒップに対してのバランスをとることによって、目立たなくすることもできるわけですね。

いまでもときどき見かける、〝肩パッドをつんだ〟人というのは、このバランス対比の依存症ともいえて、肩幅が広いほうが顔が小さく見えるとか、ウエストもヒップも細く小さく見えることを、ずっと拡大解釈（?）してしまっている結果といえるでしょう。〈洋服体型〉としては、基本的に〈いかり肩〉を有利としたのは、背が高く見えることと、多少体型がどうであろうと〝着映え〟がすることです。ちょっと、思い出してみてください。自分のまわりで「いつもシンプルな格好なのに、なぜあの人ってカッコよく見えるんだろう?」という人って、いるでしょう? なにげないセーターやシャツなどの、シンプルなアイテム（特にニットなど平面的なもの）がキマる人は、だいたい肩がきちんと張っていることが多いと思います。

さりげない無造作なおしゃれの代表格として、よく登場するジェーン・バーキンなどが、洗いざらしのシャツでも、よれよれのTシャツでもキマって見えるのは、まさにこの洗練度のある、しっかりとした〈肩の骨〉がものをいっているのだなあと、映画や写真で彼女を見るたびになで肩・丸い肩の私は、憧れのため息をつくのです……。

今、肩パッドはほとんどなくなりましたが、ジャケットなどのテーラードはきちんとしたシルエットをつくるために薄いものが入っているものが多いです。〈いかり肩〉の人は、当然のように肩パッド嫌いも多いでしょうが、肉づきのあまりない薄い肩の場合は、肩パッドによって気になる〝つれジワ〟が解消できる場合もあります。また横から見たときに体の厚みを補足してくれたりもします。

セットイン・スリーブで、なで肩をカバーする

そして〈なで肩〉の人は、肩先が丸い人が多いのです。肩の角度だけ下がっているのは、服を着たときにやさしく女らしい感じになったりしますが、肩の線が丸いと上半身が〝ころんとしたシルエット〟になってしまい、丸く太って見えがちです。そう見えないためには、セットイン・スリーブ（袖山が高く、肩先がきちんと角っぽくおさまる袖の形）のものを選べば、肩の丸さがカバーされ、スッキリ見えます。これは、ニットやシャツ、Tシャツなど、どのアイテムを選ぶ時でも同じなので、試着した時にどう見えるか確かめましょう。

また〈二の腕〉の太い人も、セットイン・スリーブを選んで同じことを気をつけること（肩に角をつくる）によって、目立たなくすることができます。

★下半身肥大ではなく、上半身が貧弱な場合のほうが多いのです。
それは横から見ても
同じことが。

5. バストは身体《からだ》の厚み、ととらえる

スリムに見せる〝正しいブラ〟

大きくても小さくても悩むのがバスト、でも〈洋服体型〉的にいうと、どちらにしろ形をきちんと整えることがポイントです。小さい人だとノーブラやイージーなタイプのものにしがちだったり、大きい人はわざと高さをおさえるようなブラをしたりというのでは、どちらも〝体型にとってのバスト〟というとらえ方ではありません。ブラである程度バストの高さを出して胸の形をきちんと整えることは、上半身の〈胴〉としての厚みをつくるので、洋服をより洋服らしく着るための条件ともいえます。バストの位置も、ある程度上に見せたほうが、全体がスラッと見えるのは、肩の位置が上にあることと同じ意味になります。

〈肩〉のところでの「上半身が貧弱」説からいっても、胴の厚みにボリューム感をもたせたほうが有利なことは、おわかりですね。バストに関しては〝ニセモノ〟に抵抗がある人もいると思いますが、胸が小さい場合は、多少パッドが入っているタイプで高さを補うほうが、服を着たときの体型にとっては、よい見え方をします。

スリムに見えるためにも〝正しいブラ〟は絶対に必要で、服を着たときの上半身を輪

切りにして見てみたら、前から見たとき、平べったい形と丸に近い形ではどちらが体の幅を細く見せてくれるか？ 脇に出るシャドウの効果もあって、比べてみれば一目瞭然《いちもくりようぜん》なのです。鏡の前で、もっている同じ服をブラあり・なしで着てみると、とてもわかりやすいので、やってみましょう。

ブラを選ぶときは、信頼できる専門の人のアドバイスを受けたほうがよいと思います（買うときに試着しないのなんて言語道断！）。そして、試着のときには必ず上に服を着て、シルエットがどう見えるかをチェックします。胸の形自体が、丸いほうが好きとか、とんがっているほうが、などの好みはあっても、何種類かタイプの違うものをつけてみると、けっこう服を着たときに、こんなに見え方が違うものかと思うくらい、身体を立体的にスリムに見せてくれたりするものや、そうではないものがあるはずです（ニットやTシャツがいちばんわかりやすい）。また、ブラを正しくつけていることで、胸は形よく大きくなっていくそうだし、腋や背中に「いらないお肉がつく」ことも防げると聞いています（私はとにかく、後者が絶対的に恐ろしいために、ちゃんとするようにしています）。

女性的な体型の媚びない女らしさ

服を着せるほうからすると、胸はあまり大きくないほうが、洗練された雰囲気の着こ

★バストの大きいのを隠そうとすると太って見えます！

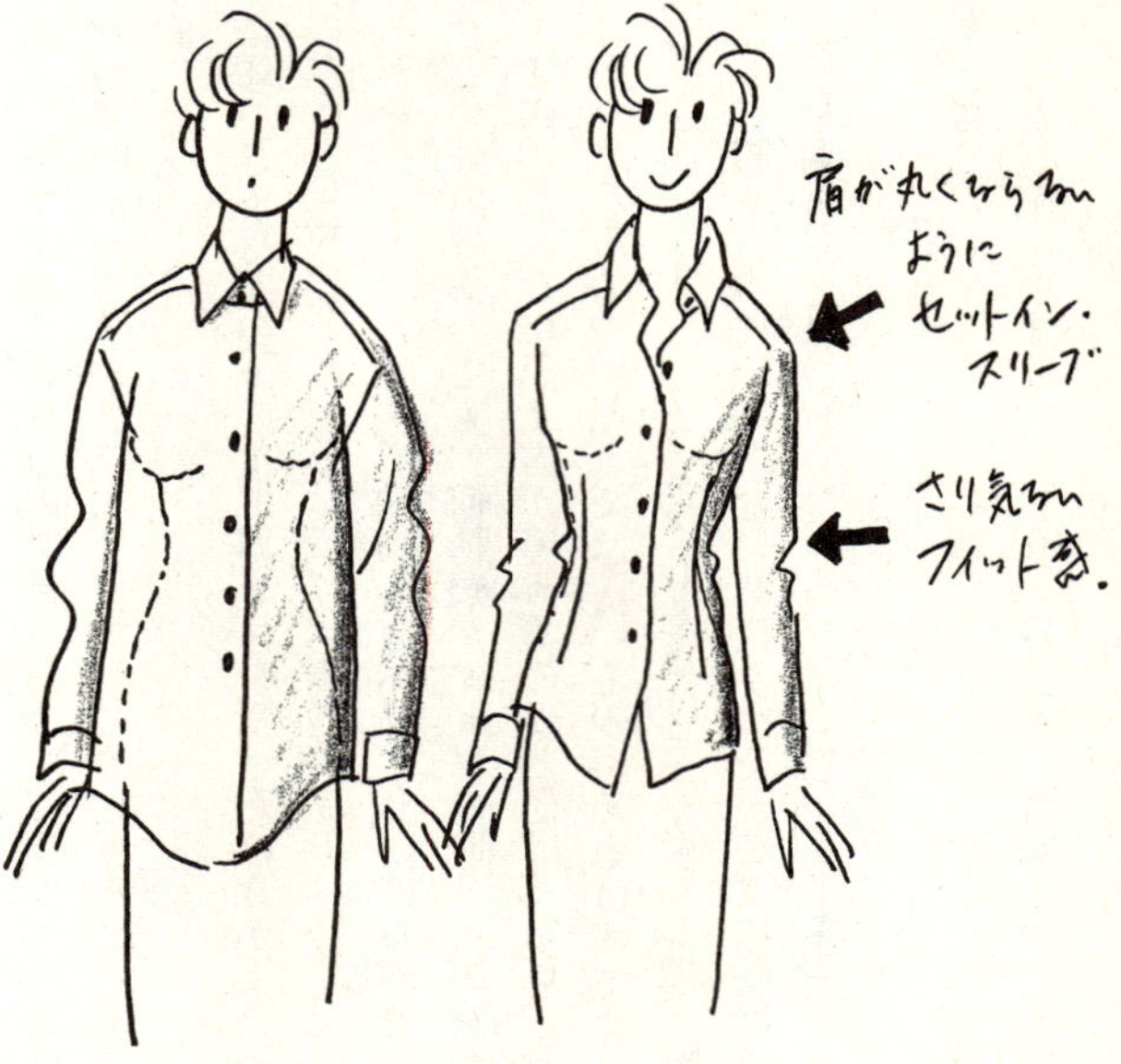
肩が丸くならない
ように
セットイン・
スリーブ
さり気ない
フィット感。

背中のライン
にも注意。

なしになりやすいのです。大きいバストは、どうしても服を選んでしまうことがあるし、かといって、いちばん注意しなくてはならないのは、ルーズな服を着ることです。太って見えたり、だらしない印象にもなることがあります。ウエストにシェイプが入っているものを選ぶとか、そうでないものを着るときは上からゆるくベルトをするなどしてある程度ウエスト・マークしないと、〝ずん胴〟になってしまいますから。

大きな胸のせいで「なにかと男性の視線が気になってしまう」という人の場合は、服の雰囲気で「女らしい」とか「色っぽい感じ」をなるべく排除して、硬派で知的な感じに装って、辛口な雰囲気にするというのもひとつの方法です。

その点、テーラード・ジャケットは、男の人の着方を見てもわかるように、ある程度〝胸が厚い〟ほうがキマるので、大きい胸でもきちんと整えれば、とても素敵に着ることができます。

じつは、こういう感じのレディスのテーラードの着方は、私が昔から憧れる、一種の「お手本」ともいえるパターンなのです。ほんとうはとても女性的な体型の人が、わざと肌をおおったカタい感じの服を着て〝媚《こ》びない女らしさ〟をアピールするというテクニックです。

たとえば、マリリン・モンローが『ナイアガラ』という映画の中で、黒のタイトスカートのきちっとしたテーラード・スーツを着ていて、私は、彼女のイメージの中では、それがとても好きなのです。〝肉感的〟でセクシーで通っていた彼女の、表面上ではない違う女らしさを感じるということですね。

一九三〇年代に、いち早くメンズ・テーラードのようなパンツスーツを着ていた、現代女性ファッションの先駆者ともいえる女優のマレーネ・ディートリッヒ。彼女も、美しいのはもちろん、「世界一の脚線美」をもっていたのに、男のようなパンツスーツに身をつつんで媚びずに凛々《りり》しく……。その「ニクい！」というしかないくらい、現代にそのまま通用する辛口のセンスで、私の中ではタイムレスに憧れる「永遠の女性像」といっていいかもしれません。

また大きい胸の人の場合、とにかく太って見えるのがイヤだったら、思い切って体にフィットさせたニットやジャージー類の服を着る、という方法もあります。ただし素材には気をつけて。光沢のあるものやあまり薄手のものは、立体感や肉感を強調するので、マットな（光沢のない）表面感のものが、品よく見えてボリューム感もおさえてくれます。

この方法は、実際かなりスッキリ見えて、全体のバランスから見ても太って見えることをいちばん避けられるのですが、やはり時と場合によって視線が気になるならば、ジャケット類や、カーディガン、シャツ・ジャケットなどのカバーアップと合わせて着るのがよいと思います。カバーアップするものが、多少ゆったりとしていても、インナーがスリムだと〝太め〟の印象をまぬがれることができます。

〈大きいバスト〉の人へのアドバイスが多くなってしまいましたが、服を着ることに関しては、大きいことで悩んでいる人のほうが多いものなのです。多少小さいバストは服を着るぶんにはあまり困らないけれど、でも、ほんとうはもっと大きくなりたいとか、バストに関して女性は、尽きることのない矛盾や問題をかかえているものですよね。

6. ウエストは暗示するだけでOK

服のウエストの位置は高いほうが脚長に見える

「ウエストはひたすら細いのがよい」などというのは大昔のことで、最近の傾向でいえば、洋服を着るうえでいちばん気にしたいのはサイズでなく〈ウエストの位置〉です。

ウエストのくびれは、体のメリハリとして、全身に対しての大きなアクセントとなるので、やはり肩と同じように高い位置にあるほうが、腰が上に、脚も長く見えて、スタイルがよく見えるということになります。

でもじつは、ウエストの問題って、意外とゴマかしやすいのです。太さや位置に問題があると思う人は、あまりウエスト自体をあらわにしないで、うまく〝暗示〟するようにすればよいのです。

そのためには、服は肌につかず離れずの適度な分量がよく、自分の実際のウエストよりも少し高めの位置にウエスト・シェイプが入っていると、〝ずん胴〟の人もウエストがくびれているように見え、位置が気になる人や、もっと上に見せたい人にも有効です。

わかりやすいアイテムとしては、ジャケットやオーバー・ブラウスがあげられますが、ニットやTシャツ、ブラウスなど（これも、つかず離れずか、シェイプしてあるシルエット、フィット感のある素材など）を着るときは、裾を上に出した方がすっきり見えます。最近、裾をボトムの中に入れる着方よりも、こちらのほうが普通になってきているのは、バランスをウエストで区切らないで、スッと〝たて長〟感を出せるからです。でも中には、この着方はだらしないとか、カジュアルすぎると思っているマジメな人もいて、アドバイスのときに、鏡の前で両方の着方を比べて、〝たて長〟バランスを、やっと納得してもらうこともあります。

〈細すぎるウエスト〉で、悩んでいる人もいます。ウエストが細いと、腰骨の幅が狭くて、胴まわりが貧弱な感じに見えることを気にしている人にも、この裾を出す着方は有効です。ただし、だらしなく見えないようにするには、着丈は長くてもヒップの少し上くらいまでのほうが、軽い感じでほどよいバランスになりやすいです。

丈といえば、服を選ぶときに着丈を気にする人も、とても多いですね。「私は背が低いから、長い丈のジャケットは似合わないの」などと、勝手に決めてかかっていては損をしますよ。結論からいうと、身長は着丈とは、関係ありません。問題は、服のウエスト位置なのです。服のウエスト・シェイプの位置が、自分のウエストと同じか、あるいは上にあるぶんにはもちろんOKですが、自分のウエストより下の位置にあったら、いくら着丈が短くても全体では胴長に見えてしまうので、やめたほうがよいということに

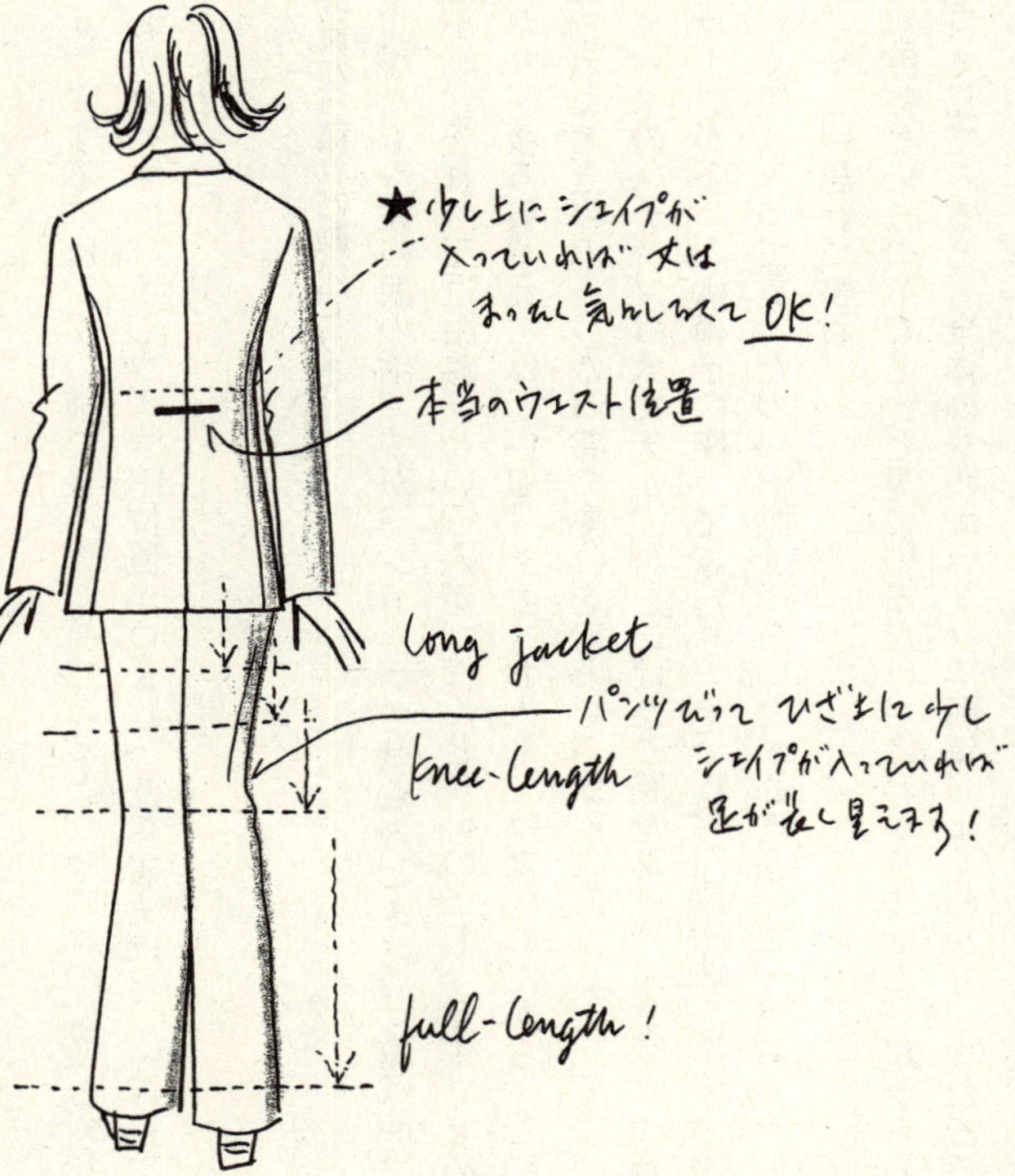
★少し上にシェイプが
入っていれば丈は
まったく気にしなくてOK!
本当のウエスト位置
Long jacket
パンツだって ひざ上に少し
シェイプが入っていれば
足が長く見えます!
knee-Length
full-Length!

なります。

これをチェックするには、鏡の前で後ろ姿で見てみると、ヒップの位置と対比できるのでとてもわかりやすく、もしウエスト位置がOKだったら着丈はどんなに長くても、問題にはなりません。

試着のときは鏡から離れて動いてみる

ところで、またもや鏡の前の話ですが、ショップで試着のときに、「鏡に向かって真正面で直立不動、それも至近距離」という人が、なんと多いのでしょう！　せめて、左右横を向いたり、後ろ姿も見てほしいし、そしてお人形ではないのだから、とにかく自分がその服を着たときにしそうな日常の動作をいろいろ試してみないと、不安ではありませんか？　バスのステップは大丈夫か、脚をあげたり腕をあげて吊り革につかまれるか、デスクワークが多い人は椅子に座ってみたりして、〈服の機能性〉もチェックしないと、せっかく気に入って買ったのに、動きづらいとか心地悪いことがあったらガッカリどころかくやしい思いですね。

服のもつ雰囲気というのも、じっと見ているだけではわかりません。鏡からちょっと下がって遠目で見てみると、全体のシルエットや雰囲気がよくわかり、またそこで動いてみたり、歩いてみたりすれば、デザインや生地が身体の動きにどのようについてくるかがわかります。

最初は、ショップの鏡の前ではなんだか恥ずかしい感じかもしれませんが、じっさい一度やってみると、とても服の感じがわかりやすくなります。特に、似合うかどうか判断がつかずに悩んでしまったときなどは、じっと鏡とにらめっこでは時間のムダ、少し離れて見たりとにかく歩いたり動いたりしてみましょう。必ず納得できる答えが得られます。

（注：こういうことをゆっくりじっくりさせてくれないショップは……、というのは一種の基準にもなりますね）

7．ヒップにうつる下着の〝アタリ〟に注意

ガードル信奉者の勘違い

〈肩〉の項目で書いたように、「下半身が大きすぎる」のではなく「貧弱な上半身に、ボリュームを感じさせてバランスをとる」ことからすれば、ヒップには、なるべくよけいな分量をもたせずタイトな感じにおさめたほうが、よりよいバランスになりやすいといえます。

だいたいヒップの大きさや形を、みんな気にしすぎの傾向があるようです。女の人のお尻って多少大きさや形がどうであろうと、なんかユーモラスで可愛らしく、身体の中では妙に独立した存在感のある愛嬌者、という感じがしませんか？

だから、大きさや形のことより、もっと気にしてほしいのは、お尻にうつる下着の〝アタリ〟です。いくら愛嬌者のお尻でも、下着の線が服の上からはっきりわかってしまうのは興醒《きょうざ》めというものです。それが妙に野暮ったい感じのパンティー・ラインだったら、せっかく服がおしゃれでもゲンメツ、ましてパンティーやガードルの線が入り乱れて何本にもなっていたり、お尻の山にラインがくいこんで〝お尻の山が四つ〟（意味わかります？）になっているなんて……。夏などは、薄い色や素材のパンツ姿だと、ち

ょっとかがんだときにクロッチ部分の切り替えまでわかってしまうなんて、見ていても恥ずかしいものです。本人には見えにくいところだから意外と気がつきにくいので、友達同士でチェックするとかしましょう。

〈ガードル〉も、つけていれば安心という人が多いのです。だいたい〝ガードル信奉者〟は、キツめでおさえ込む感じが好きなようですが、かえってお尻がいびつな形とか、カチカチにかためたように見えたり、境目にあまったお肉がはみ出してしまって段がついていたり、けっこう目ざわりのもとになっています。

はくならソフトに形を整えるくらいのもので十分で、注意ポイントとしては、パンツの場合だったら、後ろの中心に「ヒップの割れ目」がついているものにします。そうでないと後ろから見たとき、股上の線が上へいくのを邪魔するので、脚が短く見えてしまいます。

本来は、ヒップをきれいに見せるためのガードルなのだから、その下のパンティーのアタリが見えるなんてナンセンス、ガードルをはくならパンティーは、いらないのです。パンティー・ライナーを利用したり、欧米では下着なしでパンティー・ストッキングというはき方は別にふつうです。ちなみに「プロのモデルさんはTバックが常識」というのは、下着の線がうつるなんて絶対に美しくないからなのです。Tバックでなくても、アタリの出ないタイプはいろいろ探せます。

最近人気のストレッチ素材のボトムはスリムに見えるうえ、動きやすいのですが、アタリも出やすいので、後ろ姿には細心の注意をはらってカッコよく着ましょう。このことでパンツ姿が台無しの人も、日常的に見かけることも多く、本人は意外と気がつきにくいことなので、ついつい長くなってしまいました。

〝不満足〟なヒップへのアドバイス

さて、お尻の〈タイプ別の対処法〉は、いろいろありますが、「自分のヒップには、どういうボトムが合うか」という、まずアイテムをセレクトする基準をもつことも、とても重要になるので、それもふくめたアドバイスをしたいと思います。

A・ヒップが大きい

前述のように、上半身にボリュームをもたせることに、まず気をつけます。ボトムはとにかく、ヒップまわりはタイトにして、ピタピタな感じくらいでもよく、ヒップから下には、シルエット的なゆとりがあってもかまいません。パンツやタイトスカートは、ストレッチ素材で生地に張りのあるものが、体型をカバーしてくれるうえに動きやすいので、おすすめです。特にタイトスカートはヒップにゆとりがあると〝オバサンスカート〟になってしまいます。またヒップにゆとりのあるテイパード・シルエット（裾に向かって細くなっている形）のパンツや、下半身をおおい隠してしまう分量の多いロングスカートなどは、全体で見たときに、下半身のボリューム感をドーンと強調して、重いバランスになってしまうことに注意しましょう。

B・さらに、太ももが張っている

Aと違うところは、ボトムは少しだけゆとりがあるもので、素材はやはり、ある程度張りがあって身体の線をひろいにくいものか、あるいはソフトパンツなどゆったりしていても、〝落ち感〟がある布地のものが、身体の線をソフトにカバーしてくれます。素材に気をつけることで、形は比較的選びませんが、パンツや、ロングスカート（少し裾が広がった形）など、全体で見たときに丈が長いもののほうが、部分的に目がとまらないので有利といえます（でも、太ももが張っているのってけっこう、健康的なセクシーさがあると思うので、私はあまり気にしすぎないほうがいいと思いますが）。

C・垂れている

ヒップのトップ位置が下のほうにあるのだったら、ウエストからトップまでの距離が目立たないように（後ろから〝お尻が長く〟見えることを避けます）、ベルトなどでわざわざウエストをマークしないことです。ですから、このところ流行の少しロー・ウエスト設定のボトムは、トライしてみる価値があります。〈ウエスト〉の項目で説明したように〝暗示する〟方法の着方がやはり有効で、その場合、丈はヒップトップくらいまでのほうが隠している感じがしなくて、バランスもよく見せてくれます。

素材は、身体の線に沿いすぎるような薄く柔らかい生地は要注意で、張りのある綿のチノパンツなどをボーイッシュに着るという方法もあります。

D・ヒップが小さすぎる

小さくてもやはりヒップまわりによけいな分量が禁物なのは、サイズの合わない服に見えたり、中途半端にあまっている分量が貧相な印象にもなりかねないからです。ヒップまわりはある程度フィットさせて、あとはゆったりしているワイド・パンツのようなタイプはOK。またストレッチ素材などのタイトなパンツで、少し裾にフレアーが入ったものだったら、スリムさをいい意味で強調して、キュートな感じになります。

いずれもポイント・アドバイスですが、人によって、雰囲気によっても違うので、あまりとらわれないでヒントとして見て、あとは真剣に前項目のようにちゃんと試着をして決めることは、いうまでもありません。

ところで、ボトムのシルエットというのは、体型のことだけではなく、全体のイメージを大きく左右して「今っぽく、おしゃれに見せる」ことのできるファッション性の高いポイントなのです。ボトムのシルエットさえキマっていれば、あとはなんとかなる、ということだってあるくらいなのですから。

でも、体型への執着がいちばん出てしまうのもやはりボトムなので、なかなか新しいシルエットを受け入れにくかったりもするようです。

たとえばここ数年で、パンツのシルエットはテイパードからブーツカットやストレートへと、変わってきました。ファッション・サイクルとは不思議なもので、最初はヘンに見えて「私は絶対着ないわ」と思っていても、時間がたって見慣れてくると、急によく見えてきたり、着たくなってくるようなことが、往々にして（いや、必ずといえるほど！）あるものです。だから、〝流行遅れ〟になりたくなかったら、とにかくボトムのセレクトには前向きでいること。いきなり変えなくてもいいですが、新しいものに目を向けたり、試着だけでもしてみて、自分が着たときにどう見えるか知っておくだけでもよいのです。

そういうことをしていかないと、体型はカバーしているけれどおしゃれには見えないという結果にもなりかねません。

8. 自分の脚に〝満足〟はない!

脚の形はポーズでカバーできる

こちらから見たらなかなかの感じでも、自分の〈脚〉に満足している人ってめったに聞いたことがないので、身体の部位としてはかなり要求度が高いところのようです(男性側からの注目度もありますし)。

脚の見え方に関しては当然、スカート丈や靴のこともありますが、まず立ち方、歩き方を研究しなければ意味がありません。脚がいくらきれいでも、姿勢が悪く膝を曲げてギクシャク歩くような感じだったら「元も子もない」ことだし、逆に脚の形が多少どうでも、姿勢よく膝を伸ばしてスッキリ歩けば、そのイメージのほうが印象に残ります。

立ち方では、〝仁王立ち〟で脚を広げてドーンと立つのは、体型の見え方や服の雰囲気にとっても、カッコ悪いものです。いかにもつくったようなポーズをとることもないけれど、身体のどちらかに重心をかけて左右対称にならないようにすると、自然でニュアンスのある感じになります。特にO脚が気になる人は、脚のポーズだけでもかなりカバーできるので、鏡の前で研究しましょう。

研究は、また当然「全身のうつる鏡」の前で、時間をかけて向き合って、ああでもないこうでもないと、やってみるしかありません。ポーズを見る場合は、試着のときと同じで、正面だけではなく（普通の生活をしていて正面からしか見られないなんて、ありえないでしょう?）、ほんとうは四方八方から見えたらいちばんわかりやすいので、余裕さえあれば「三面鏡になっている姿見」や、「姿見の合わせ鏡」が理想的といえます（見て、ゾッ！　とすることがあっても、自分でそれを知らないほうがもっとこわい!?）。

ひざ丈のタイトスカートは難しい

特に、〈スカート丈〉をチェックする場合は、必ず後ろからも見ます。前から見る脚（膝下）には、「骨がある」ので比較的スッキリと見えますが、ふくらはぎの後ろから見た脚には「骨がない」ので、前から見る脚とはボリューム感がずいぶん違うものです。たとえば歩いたときに、後ろスリットからニューッと出てくる〝脚の分量〟……。知らないのは自分だけ、なんて悲しいですよね。

さて、具体的なアドバイスは、

★〈スカート丈〉

シルエットやデザインによりますが、いちばん〝定番〟に思われているひざ丈のタイトスカートは、バランスが難しく脚の見え方のごまかしもきかないので、実は難易度が高いといえます。

自分のスカート丈は何センチなどとあまり決めないで、「全身のうつる鏡」の前で、雰囲気やバランスを見るようにしましょう。

そして、スカート丈というものはいわば「猫の目のように変わる流行の代表格」のようなものなので、脚に問題がなくて、「どんな丈でもOK、つぎつぎとさまざまなスカートを楽しみたい！」という人でもなければ、無理しないで〝自分の得意な丈〟が出てくるまでやり過ごすというのも方法です。最近ほんとうにスカート丈のサイクルは短く、でも意外とデザインは一辺倒ではなくてバリエーションもあるので、選択の幅はけっこう探せばあるものです。

★〈シルエット〉〈柄〉

シルエットや柄を利用して、脚自体にあまり注意を引かせない方法もあります。裾に少しフレアーの入ったふくらはぎ丈のスカートなどは、裾のあたりを〝あいまい〟な見え方にするので、脚をあまり気にさせません。

プリントなどの適度な柄ものも、バランス良く着れば、柄に目をいかせることができます。

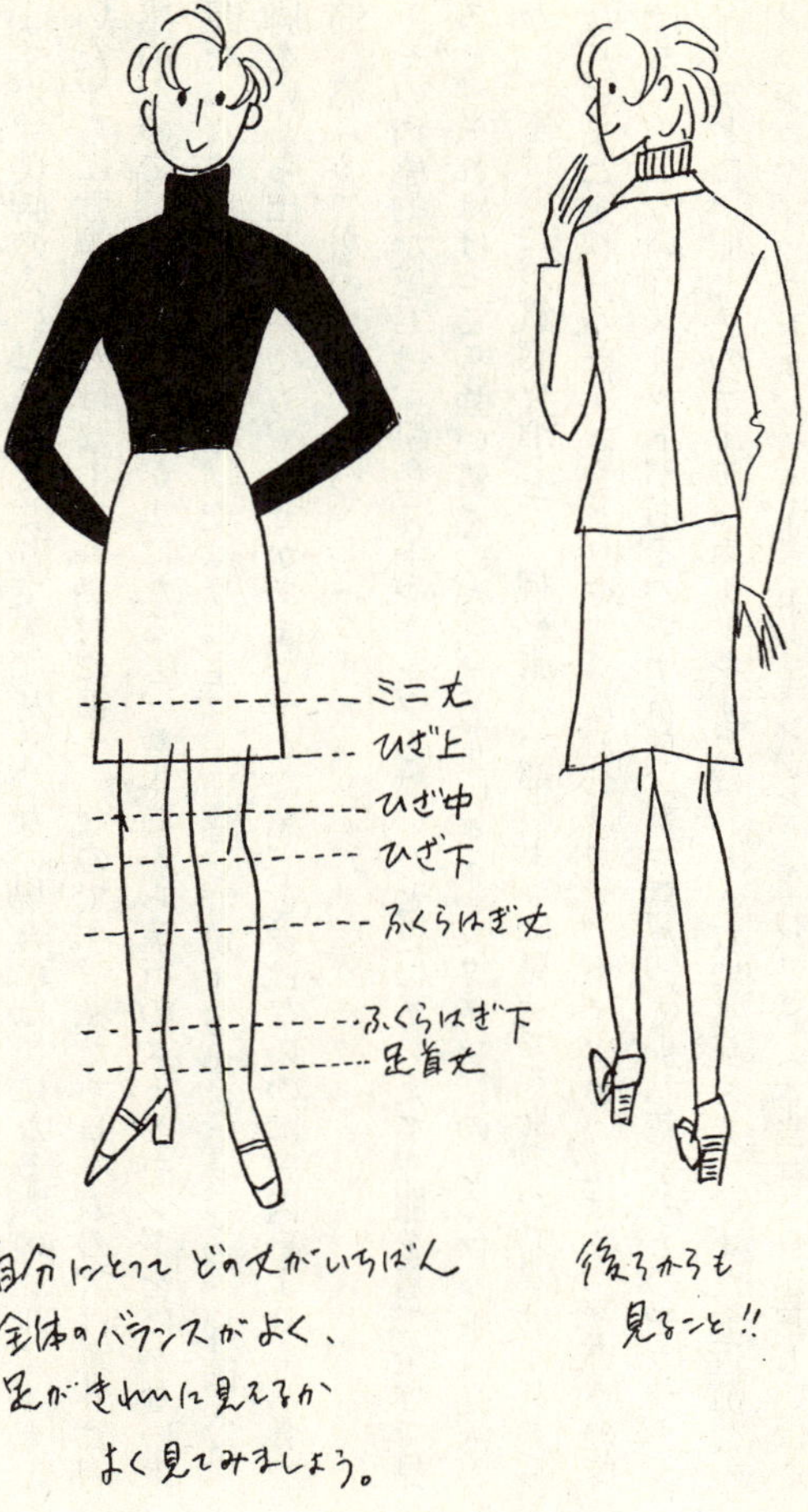
ミニ丈
ひざ上
ひざ中
ひざ下
ふくらはぎ丈
ふくらはぎ下
足首丈
自分にとって どの丈がいちばん
・全体のバランスがよく、
・足がきれいに見えるか
よく見てみましょう。
後ろからも
見ること!!

★〈タイツ〉のメリット

よく、濃い色のストッキングはシャドウをつくってくれるので脚が細く見えるといいますが、美脚の人にはそのとおりでも、そうでない場合には気になる脚のシルエットをいたずらに強調するだけなので「絶対に損！」なのです。私たち日本人の脚は意外と肉感的なので、よけいに太さが気になるし、数年前から流行のストッキングをはかない素足を〝なま脚〟というのも、やはり〝生々しい感じ〟がするからでしょう。外国人は、脚をいくら出していても、なぜかあまりそんな感じを受けないのは、肉感よりも〝骨や筋〟感（？）があるせいなのでしょう。

その肉感的な感じは、肌色ストッキングをはいたときにもいえて、服を着て全体で見ると、それはけっこう強い質感になってしまいます。〈タイツ〉のもつマット（光沢がない）感は、この質感を消して、脚を服の一部のように見せてくれるので、全体がすんなりとまとまり、バランスもとりやすくなるわけです。タイツといえば冬、というのではなく、こういうメリットがあるのですから、春や夏だって少し薄手のものやカラータイツなどで、服と色のコーディネートをすればおしゃれにも見えます。また最近流行のメッシュタイツなども、カラーストッキングと〝重ねばき〟（本当はこれが正しいはき方）して、コントラストを調節したりすると、はきやすくなります。

脚といえば、私は〝脚フェチ〟かも!?　とにかくきれいな脚だと、写真でも実物でも、うっとりと（羨望《せんぼう》も入りつつ……）見とれてしまうのです。早い話、ないものねだりで、「もし、私の脚が細くて美しかったら……」と、いまだに悲嘆にくれることがあるのですが、「あっ、そうしたら私はデザイナーになっていなかった！」りして。〝ワケあり〟だからこそ宿命（?）のように、パンツというアイテムに入れこめたわけですし……。まだパンツがあまり流行《はや》っていないデザイン学校時代〝着たい一心〟で、洋裁も習ったことがないのに自分で縫って着ていた、という気合が、今でも変わらないものづくりの原点になっているのですから、自分の○○な脚に感謝しなくてはいけないのかもしれません。「コンプレックスは、身を助ける」こともあるという、お話でした！

9. 人も羨む大柄、小柄に！

大柄な人は淡色の服を

物理的にいって、大きい人を小さく見せることや、小さい人を大きく見せることには、しょせん無理があります。大きいことは「大らかな」「のびのびとした」とか、小さいことは「キュートな」「小粋《こいき》な」というように、それぞれのもつプラスのイメージを素直に利用し、キャラクターとして自分に引き込んで考えたほうが、無理なくおしゃれに見えるうえに、好感度もだしやすいでしょう。

大きな身体を目立たなくしようとして、黒やダークな色を着る人も多いようですが、はっきりいって大きいぶんだけ〝うっとうしい〟感じにもなりかねません。また「大きくて、重くて暗い……」なんていうイメージになったら困りますよね。ダークな色を着るときは、〝ずくめ〟にしないこと。インナーやボトムに薄い色や、スッキリした色を組み合わせ、重々しく見えない着方を工夫するようにします。

大柄で暗めの色を好む傾向の人に、さっぱりとしたパステル・カラーでソフトなイメージのパンツスーツをすすめたことがあります。自分では思いもつかないアイテムと色だったそうですが（薄い色で、大きな面積のものを着るということが）、淡色の感じがとてもさわやかに引き立ち、感じのよい素敵な大きさを演出して、本人も大満足でした。
ただし、シルエットには気をつけて。ルーズなものやあまりカタい感じがするものは、ひたすら大きく見えたり、いかつく見えたりもするので、ほどよい分量でやさしい素材感やシルエットを選びましょう。

また〝柄もの〟や〝デザインのうるさいもの〟〝ややこしい着こなし〟は、なるべく避けてミニマルな着こなし（アイテム数や色数、ディテールなどがなるべく少ないこと、最小限）を心がけたほうが、洗練度も出るうえ大柄をスッキリと生かします。

大きな身体に〝間がもたない〟といわんばかりに、アクセサリーなどをつけたがることは効果的ではありません。よけいなものなどなくても勝負できる立派な身体があるのですから、常に〝引き算〟を意識しましょう。

靴も、背の高さを気にしてフラットなものを選びがちでは？　ヒールのある靴のほうが、足もとの印象が軽く見えるし、なんといっても、よりスタイルがよく見えるではありませんか。どっちみち大きいのだから、もっと思いっ切り背筋を伸ばして堂々と「人も羨む！　素敵な大柄さん」になりましょう。

小柄な人は多少やりすぎでもOK

小さな人が大きく見せようと、やたらに派手な色柄の服を着たり、服の感じに合わない超ハイヒールを履いたりするのは、小さな身体の全体から見たらたいへんバランスの悪い感じがしてしまいます。身体に合わせて自然に見えるような、コンパクトなバランスをとることが大切です。小柄な人の〝まとまりやすい〟バランスは、即〝小粋〟とか〝キュート〟という魅力にしやすいので、〝小ささ〟を感じさせる前に、おしゃれで素敵な印象をアピールしてしまいましょう。

服は、身体を大きく見せるようなデザイン、ということは考えずに、逆にスリムでタイトなシルエットになるようなベースに、アクセントをプラスするのがよいと思います。ひとつの例として、黒のタートルネックに、黒のスリムなパンツかタイトなシルエットのスカート、それに白かアイボリーなど薄い色のジャケットにすると「黒のベースプラス白い（膨張色）アクセント」になるので、さりげない感じでスッキリと背を高く感じさせます。

小柄な人のメリットとしては、多少やりすぎのコーディネートでも、嫌みにならないことです。たとえば「白・黒コーディネート」のジャケットの色が、赤や黄色やブルーでも、小柄な人のもつキュートな雰囲気で、決して〝TOO MUCH！〟には、見えないものです（もし大柄な人がこんな格好をしたら、迫力が出すぎたり、なにかのユニフォームのような感じに見えたりして……）。

派手な色のストールなどをちょっとオーバーな感じにしてみても、いい意味で気にならないし、大きなアクセサリーでも本人との対比で可愛く見えたり、帽子などもよいでしょう。そういう、上のほうにくるアクセントは、全体のバランス上、小柄な人にはとても有利な見せ方です。また、帽子のように〝人が手を出しにくいアイテム〟を味方につけることは、おしゃれ感を演出しやすいので、効果的な可能性のある小物には、いろいろトライしてみるとよいですね。

小柄な人へのアドバイスをしていると、いつも私は、おしゃれなパリジェンヌのイメージとダブってきます。フランス女性は、意外と小柄でダークヘアの人も多いし、そんなに一見派手な格好もしていません。よく黒をベースに着こなしていて、でも、地味にはならずにどこかワンポイント、その人ならではのアクセントがあって、さりげなく個性を主張していたり、やはり「〝粋〟って、こういうものだなあ……」と思わせてくれるのです。考えてみれば、私たちにも真似しやすい部分がありそうなのですよね。小柄さんは、「人も羨む！　小粋なパリジェンヌ」を目指しましょう。

CHAPTER 3

流行とは、どうつきあうか？

1．流行の正体は？

流行は鵜呑《うの》みにしないで

「流行って、どうしてあんなにつぎつぎと目まぐるしく猫の目のように変わっては、いろいろ出てくる必要があるわけ？」「まったく、いちいちつき合っていられないわ」と、多少ファッションに興味があっても、そう思ってしまうのも無理ないくらいです。

エレガントなクチュール系から、トレンディーなモード系、元気でイキのよいストリート系、カルトな人気のインディーズ系など、流行といっても昔のように一辺倒ではなく、幅広く多様化しているので情報量も多く、混乱気味でさえありますね。

業界内にいる私たちでさえ、「もう、いちいちうっとうしいなーっ！」と思うことがあるくらいなので、一般の人だったら「なんだかよくわからないけど、ほんとうに今度はみんなそんな格好するわけ？」と、アセったり不安に感じることもあるでしょう。そういうとき、むやみに惑わされないようにするためには、まずひと呼吸おいて考えます。

たとえば、とても気に入っていた服を、次の年に取り出してみたら「なんだか、違う……」と思ったことってありませんか？　一年たたなくても、しばらく着なかったらあまりピンとこない色や形になっていた、とか。

毎シーズン、パリやミラノやニューヨークや、トーキョーからも発信される〈コレクション〉というのも、私たちの日常で起こるそういう〝感じ方の変化〟を、すごく先取りして、増幅して、エキセントリックに表現しているようなこと、といえばわかりやすいでしょうか。

それとはまた別に、服をアートやクリエーションとして、現実的には着られなくても、美しければ面白ければ、という価値観のもとに作品を発表するものもあります。そして、発表されたコレクションは、あくまで先取りなので、〝ハズす〟ことがあるのも当然だし（！）、だからいきなり真に受けることなんて、必要ないのです。

今の時代は、昔のように情報や価値観が、上から流れて下へ広がっていくのではなく、ジャーナリストにしろバイヤーにしろ、結果として受け手側（ひいては実際買う消費者も）が、現実的な価値観を決めてしまうようなところがあります。だから、あなたもまず、自分の主観で見ればよいので、スーパー・モデルが着ているのを、そのまま鵜呑みにしないで（だいたい不可能だし……）。ただ、きれいで抜群にスタイルのよい人が、美しい服や面白い服を着ているのを、美術品のようにうっとり鑑賞するだけでもよいのです。

真剣に「このトレンドをどうやって取り入れよう……」とか思って見るのはしんどいけれど、ちょっとしたこと、たとえばメイクやヘアの感じ、色やアイテムの組み合わせ方など、自分に取り入れられるようなヒントを見つけられたら楽しいし、また「ふーん、そういうの全然着たくないなあ」とか「絶対ヘン！」などと、見るときは素直に自分の感覚をはたらかせればよいだけなのです。

流行は良くも悪くも〝時代の息吹〟

ただし、何ごとも〝新しいもの〟というのは、最初は奇異に見えたりするものなので、今見て「ヘン！」でも、数シーズン後には世の中みんな（当然自分も！）、取り入れていることだってあるのが〈流行〉というもののあなどれないところですから、〝主観的に〟といっても妙にガンコになるのではいけません。

〈ファッション〉や〈流行〉というと、なにかと軽薄なことのようにもとられがちですが、人間に「飽《あ》きるという感情や習性」と「好奇心」があるかぎりは、服にかぎらず、流行があるというのは当たり前の現象なので、踊らされるのがイヤだったら、逆に、知っておいたうえで自分のスタンスをもつほうが、取り入れるか取り入れないか、どう取り入れるか、などの判断もしやすいのではないでしょうか。

しかし、実際流行るものというものには必ず、良くも悪くも〝時代の息吹〟とでもいうようなエッセンスが、なんらかの形で入っているもので、それがいったい何なのかを見ていることは、一種の「時代ウォッチング」と考えれば、たいへん興味深いことでもあります（昔の写真を見ていて面白いのはこういう変化があるからで、だったら今のことをしっかり見ておくのも面白いはず）。

ファッションだけにかかわらず、流行はいちいち取り入れなくてもいいけれど〝目を離さない〟で知っておいた方がいいと、いえるのではないかと思います。そして流行を取り入れることによって、今という〈時代の空気感〉をよりいっそうリアルに感じ取ることができるのだから、ちょっとノッてみるのも絶対楽しいものです。

2．流行をハズさないコツ

シルエットの変化に気をつける

英語で〝FASHION VICTIM〟（直訳すると〝ファッションの犠牲者〟）とは、「せっかく一所懸命ファッショナブルでトレンディーにキメているつもりなのに、本人自体がカッコよくは見えない人」という感じで、面白い表現です。批評などで、よくコメントに辛辣《しんらつ》な感じでつかわれ、お金もかけ、ブランドも選び、ガンバっているのに素敵に見えないのは本当にかわいそうなことですね。

しかしギンギンに最先端でいたくはなくても（お金もかかるし、ツカレるし……）、当然流行遅れでは問題外、適度な感じに〝今風〟でいたいというのが、だれでも望むところではないでしょうか。そこで、ハズさないためには？　といういくつかのポイントをあげてみましょう。

まず色や柄など、いろいろな表面の要素はともかく、はっきりいってシルエットの変化には逆らえないのです。

少しさかのぼって思い出してみれば、七〇年代のルーズ・フィットやビッグシルエット、八〇年代のボディコン、ビッグ・ショルダーなどがあって、九〇年代は〝スッキリたて長スリム〟なシルエットが主流になっているように、気がついてみると（気がついてからでは遅い！）、シルエットやバランスは、少しずつ確実に変わるものなのです。

このことを頭に入れておけば、他の要素はともかく、〈シルエットの変化〉が目についてきたら、早めにトライしておいたほうが有利ということになります。この流れに逆らったり、無視したら、いくら他のところをガンバっても、全然〝今っぽく〟見えない、つまり〝FASHION VICTIM〟になる可能性が大なのです。

またシルエットというサイクルは、年代ごとの特徴をあげたように比較的大きな流れのものです。

新しいシルエットが気になったら、買わなくてもショップで試着してみたり、Tシャツやニットなど値段のあまり高くないもので試してみるのも方法です。〝変化する〟ことに、ちょっとの冒険心と勇気はつきもの。新しいシルエットにだんだん自分を慣らしていく努力をしたり、少しずつ納得しながら流行を自分のものにしていく努力も必要なのです。

3．流行はおしゃれのスパイス

流行にはついていけない症候群

流行やトレンドは「面倒くさい」とか、「すぐ飛びつくのは軽薄な感じがしてイヤ」という人もけっこういますね。でも、遅かれ早かれ影響を受けることは確かなのですから（！）、よけいな理屈や偏見は捨てて、流行をいわば「おしゃれのスパイス」と、考えてみましょう。

スパイスなどなくてもお料理はできますが、あればもっとおいしく楽しく、味わい深くなるのと同じことで、流行やトレンドを丸ごと受け入れなくても、自分のメニューに〝時代というスパイス〟を振りかけて今風の味にすると思えば、さじかげんはお好み次第でよいわけです。そういえば、おしゃれとお料理は似ているところがあります。

新しいメニューにトライするときは、「挑戦するぞーっ！」っていう気合がいるし、ヒヤヒヤドキドキ緊張するところもあるし、そして、多少の失敗がつきものというところも、ですね！

もちろん、やたらになんでも流行のものに手を出すことはありませんが、心惹《こころひ》かれるものがあったときには、素直に反応したいものです。

新しいものを取り入れるときの注意としては、自分の取り入れやすいアイテムや色からがよく、ひとつのものの中に新しい要素が多すぎないことです。

新しいシルエットやトレンディーな素材、変わった質感などだったら、自分の着慣れている色や安心できる色にします。逆に、新しい色に惹かれたのだったら、着るのに抵抗ないデザインや、着慣れているアイテムにするとか。そうでないと新しいものに対しては、つい〝目が新鮮〟になりがちなのと「どうせ新しいものを買うのだから」という気負いが入ってしまって、盛りあがって買ったものの、じつはあまり活用できなくて残念という結果にもなりかねないからです。

新しい感じのものをひとつ身につけることによって、「なるほど」と思えれば、合わせる手持ちのものとのバランスも気になってきます。そうしたら他のアイテムにもトライしてみましょう。ジグソー・パズルの最初のひとつがちゃんと置ければ、次のピースも見つけやすいということです。

そういえば〝もう、流行にはついていけない症候群〟というのもあるようです。まだ二〇代の女性から、一〇代の頃は、見てよいと思ったら似合おうと似合うまいと、とにかく着たいと思ったものは着てしまうという、ファッションに超前向きで恐いもの知らずだったのに、最近は「年だし……、何を着ていいのかほんとうに悩んじゃう……」なんて相談されると、私としては「じゃあ、あと五〇年以上もずっとそんなことをいいながら生きていくわけ!?」と、聞き返したくもなってしまいます。

これは、女性の場合、たんなる年齢のせいというより、PROLOGUEで書いたように〝シチュエーションの変化〟が影響している場合のほうが多いようです。たとえば、就職したらまわりの目が気になってきて、それまでのように「人にどう思われたって全然カンケーないもんねー」じゃすまされなくなったり、「仕事上服装で判断されることも出てきた」とか、「年上のオトナの彼ができてしまったので」などということがきっかけとなって、急に自分の服装に対して選ぶ基準が変わらざるを得なくて、迷い悩むのでしょう。

つまり、状況に振りまわされて、それまでと違う自分に対してのセルフ・イメージをもつ余裕がなかったということになります。そういうときは、素直に「私は、おしゃれでありたい」という欲求を取りもどすようにして、初心に返るつもりで〝私はどういう人になりたいかウォッチング〟でもしてみましょう。

流行は若者から上の世代に波及する

いろいろなタイプのファッション雑誌に目を通すことでもいいし、街やまわりに参考になる人はいないかとか、信頼できるセンスの友人に相談してみるとか、とにかくここであきらめないで、目を離さないで、なにか今の自分に少しでも取り入れられることがないか、一所懸命探してみることです。

〝状況〟には合わせても、どこかに〝今っぽさ〟や〝自分らしさ〟を表現することはできます。かえって、流行をストレートには取り入れていないところに、オトナっぽさや洗練度が出るということは、大いにあるのですから。

だから、一〇代とかすごく若い人たちの流行に対しても「私にはもう関係ないわー」「私、あんなヘンな格好、もうしないもの」ではなくて、ちゃんとウォッチングしておいたほうがいいのです。若いがゆえにエキセントリックだったり、チープに見えたりするけれど、流行は必ず若者の間から始まって、少し時間を経て上の年齢層に波及していくことが〝お約束〟なのですから。

〝ヘンに見えるもの〟が流行っていても、「いったい、それはどうなって（変化・波及して）いくのだろう？」（どうにもならないものも、当然あるとは思いますが……）と、好奇心と興味をもって見ていればおもしろいし、ファッションは時代をあらわす社会現象、社会風俗のひとコマなのですから、そういう観察と分析も、けっこう楽しいと思うのですが。

4・ベーシックの落とし穴

手抜きのシンプル・アンド・ベーシックって?

「シンプルでベーシックなものが好き」というのを、センスがよくておしゃれなイメージと思う人は多いでしょう。確かに、ベーシックなアイテムにトレンドというスパイスを効かせて〝いかにもな感じ〟ではなく今風にさりげなく見せたら、それはおしゃれの上級者ですね。

シンプルでベーシックなもの自体は、定評があって品質も信頼できる〈定番〉のようなものもふくまれるので、そういうものを選ぶのは、根本的には〝ハズさない〟ような感じを受けますが、それに安心したり頼りすぎると意外な落とし穴があるのです。

自分では気がつかなくても「いいものなのだから、文句ないでしょ」とか「面倒くさいからシンプルがいいの」などと、そういうものさえ着ていれば、という気持ちがちょっとでも出てきてしまったら、手抜きのシンプル・アンド・ベーシック志向、ただ無難で素っ気ないだけで、実はおしゃれには見えないということにもなりかねません。

ひとくちにベーシックといっても、ファッションという以上は〝不変の価値観〟などというものはありえないのです。逆にシンプルで要素が少ないぶんだけ、ちょっとした素材感の違いや、シルエットやサイズのバランスなど、微妙なところが「今っぽいカッコいいシンプル・アンド・ベーシック」になるか、「つまらなくて野暮ったいだけのシンプル」に見えてしまうか、はたまた中間で「フツーに見えるだけで、別にいいとも悪いとも思えない」になってしまうか、その差にとても気をつかって着るべきアイテムなのです。

まず、シンプルやベーシックをおしゃれに着たいのだったら、ちゃんとトレンド・ウォッチングする必要があります。「ええっ？　だって、私は〝FASHION VICTIM〟になんかなりたくないもの。もっと上品で大人っぽくしたいのよねっ」。そうですね、わかります。要するにファッション・センスをいかにもではなく〝エッセンス〟にしたいわけでしょう？　でも香水でもスパイスでも、エッセンスを抽出するには、もとはすごく大きな量からなのです。シンプル・アンド・ベーシックがおしゃれに見えるかどうかは、このエッセンスがあるかないかが分かれ道になってくるのです。

「豆腐のような服」の意味

シンプル・アンド・ベーシックな服のことを、わかりやすくたとえて「豆腐のような服です」と説明することがあります。お料理でいえば、素材のようなという意味で、豆腐は調理法を変えて和・洋・中とまるで別物のように変化できるし、硬くも軟らかくもどんな形にも、また高級懐石料理から毎日のお味噌汁の実まで、ランクも自由自在です。でも、調味料も使わず手も加えず、そのまま食べる人はあまりいないでしょう？

シンプル・アンド・ベーシック好きの人が往々にして陥《おちい》りがちなことは、いわば素《す》のものを素《す》で着て「私はシンプルが好きだから」と悦《えっ》に入っていても、はたから見れば無難で地味な感じや物足りない感じに見えることです。「お醬油をひとたらし」にするのか「こってり濃い味つけ」にするのかは、着る人の好みや、時と場合によってアレンジが自由なことは当然で、この幅広いアレンジができることが、まさにシンプル・アンド・ベーシックの醍醐味《だいごみ》というわけです。

もしも「ほんとうに素っ気ないくらいシンプルなのに、カッコいい人」がいたとしたら、はっきりいってその人は〝ただ者〟ではありません。すべてがちゃんと周到《しゅうとう》に計算ズミだということなのです（またはその人自体がスーパー・モデルのように完ペキ！）。なので、おしゃれで時流に合ったシンプル・アンド・ベーシックを着ていくということは、決して楽なことではない選択なのですよね。（いつも、同じような服に見えるわりには……！）、フーッ。

CHAPTER 4

コーディネートのやり方って？

1. とにかく〈全身のうつる鏡〉です

夜寝る前に考えておいたのに……

服のコーディネートというと、みんな頭の中で考えようとしすぎるようです。たとえ一枚のシャツにしろ、色の微妙さや素材感、シルエット、デザインなどいくつもの要素があるので、ほんとうは頭で考えるほうがわかりにくいものです。

私が仕事のときにコーディネートする場合、とりあえず頭の中のイメージでラフ・コンテを描いてみたりはしますが、実際に決めるのはやはり実物をああでもないこうでもないと組み合わせてみてからです。合うと思っていたものが合わなかったり、イメージと違ったり、よい感じにならないものは差し替えるので、そのことも予測してスペア分を用意しておくのも仕事のうち、というように、プロでも、なかなかすんなりとはキマらないものなのです。

仕事はともかく、自分の服のコーディネートをハズすことも? 夜寝る前にいちおう考えておいても、朝着てみると「なんだかちょっと違うんだなあ……」「今日の天気の気分には合わないっ!」とか予想外のことに時間もないのにアセって、鏡のそばには服の山が……。「ああ、こんなに長くこの仕事やってるのに、もう、どうしてこんな思いをしなくちゃいけないのかしらーっ！」と、そういう自分に腹を立てながらプリプリ出かけていくことも少なくはない私。こんな情けないお話を披露するのも、コーディネートというものは、そのようにじっさいやってみなくてはわからないもの、ということを知ってほしいからです（「面倒くさい」「かったるい」？ では、おしゃれでカッコよくなることもあきらめなくては！ ですね）。

頭の中で考えたコーディネートなんて

とにかくよけいなことは考えずに鏡の前でトライしてしまったほうがわかりやすいので、その手間ヒマがかかるだけで決してむずかしいことではありません。

よく、お気に入りのニットやブラウスに「これにはこのパンツ」とか、けっこう組み合わせを決めていて、いつも同じということはありませんか？ スカートでもパンツでも合わなそうなものでも、スーツやセットになっているぶんのものでも、もっているすべてのボトムを組み合わせてみようとしたことがありますか？ もちろん全然合わないものもあるでしょうが、「意外！」と、合うものを発見できたりもするはずです。

そうして、今までセットやスーツでしか着ることを思いつかなかったものも、ちゃんと〈単品〉として活用できるようになれば、服の数が増えたことになり、とってもおトクな気分ではないですか！

もっている服全部をやってみれば、いわば時間と手間をかけるだけで、「順列・組み合わせ」のようにコーディネートがすごくいっぱいできて、服の活用度もアップするので大いに経済効果も期待できます（よいと思った組み合わせは、忘れないようにメモやスナップしておくといいですね）。

だいたい「頭で考えてすんなり合うコーディネート」なんて、ただ無難なだけか、意外性がないので目も引きません。〝合いそうもないアイテムや色〟がマッチしたりすると、とてもおしゃれに見えるものです。

雑誌などに出ているコーディネートをヒントにしたり、よいかどうか決める基準は、自分が「あ、これ好き！」「これ、なんかいい感じ、着てみたい」ということだけでOK。「いい感じなのだけれど、もの足りない」ときは、なにかプラスしてみましょう。大丈夫、多少ヘンでも「それで人に迷惑はかからないっ！」というくらいの前向きな気分でいいのです。そう、せっかくのコーディネート、試してみなくては何もはじまりませんよ！

2．色合わせさえうまくいったらOK

まずインナーの色を決める

〈色合わせ〉こそ、「頭で考えてはダメ！」なことの代表であるにもかかわらず、意外と偏見やハズしている思い込みが多く、「私は顔色が〇〇だから、△△色はダメなの」とか「××色は絶対に似合わないのです」などと決めてかかり、それがまるで〝こだわり〟とでもいうように、自慢げ（？）な言い方をする人もよくいます。この問題は、アドバイスするには、体型と並んでまず根本から、と、説得するのにけっこうエネルギーをつかうのです。

というのは、人間がふつうに識別できる色の数は、数千色ともいわれているのに、「何色と何色は合います」なんて、そんなに簡単に数学の式のようにいえるものでは、まずないのですから。

たとえばピンクでも、くすみの入ったグレイッシュなものからピカッと目が痛いくらいの蛍光色まで、そして淡色から濃色まで、軽く三〇〇色くらいあるとしたら、「全部のピンク色が絶対に似合わない」などということはあり得ないと思うし、そう考えてしまったら、自《みず》らおしゃれの範ちゅうを狭めてしまうことになってしまいます。

だから何色だろうと、もし心惹《こころひ》かれたら、よけいなことは考えずに鏡の前で合わせてみるのがいちばん簡単でわかりやすいのです。

ベーシックなミディアム・グレーのスーツを買った人に、「インナーは何色が合いますか？」と聞かれました。まず、これは〝正しい質問〟ではありません。なぜならグレーなどの、モノトーン系には合わない色はないのですから。もし聞くなら「今年はグレーに何色を合わせるのが新鮮？」とか、「グレーを、やさしい感じに着るには何色がいいのかしら？」ということだったらOKなのです。

たとえば合わせる色が、白だと〝清潔で知的な感じ〟とか、サックスは〝さわやか〟、クリームやピンクは〝やさしい感じ〟に、くすんだレッドは〝個性的〟、意外にグリーン系は合うとか、パープルは〝とてもおしゃれっぽい〟し、黒は〝モダンで大人っぽい〟、などというように、ベーシックなグレーのスーツがインナーの色だけで印象がまったく変わるのですから（それが〝豆腐な服〟のよいところ！）。インナーに色を取り入れることは、このように着こなしとしての効果はもちろんですが、比較的失敗なく新しい色のレパートリーを増やせるのでおすすめします。

あまり着たことがない色や、似合わないと思っていた色が意外と着られたりするととてもうれしいし、気分転換にもなるし、新しい色を取り入れることによって、着あきた服もリフレッシュして着られることにもなりますね。

このことをわかってもらうために私はショップでは、なるべくいろいろな色や素材のインナーをもってきて、鏡の前でお客さまに片っぱしから合わせてみることをします。最初はそれを見て、「それ、全部合うの……？」と半信半疑だったのが、次々とあててみるうち「けっこう何でも合うものなのね……」、そして、「あっ、この色ステキ！」と、パッと顔が輝いてニッコリスマイル！　それが決める基準でよくて、一〇〇色合わせれば一〇〇通りの印象があるので、あとは「自分がどれが好きだったか」だけでいいのです。この〝実験〟はぜひ自分のワードローブで、インナーを全部ひっぱり出してみて試してみることをおすすめします。

また、シーズン初めに服を買うときはニットやジャージーのプルオーバーのように、「まずインナー・アイテムから」にするのが賢い方法です。自分がそのシーズンに対して新鮮に感じる色や素材、また、流行りそうな色に踊らされてみてもいいし（インナー一枚のことですから）、今もっている服にそれをコーディネートしてみて、まずそのシーズンの感じをつかんでからメインのアイテムを買うようにすれば、あまり大きな失敗をすることはないでしょう。

色自体では、目につくきれいな色ではなく、あまり最初は目を引かない〝あいまい〟

ともいえる色が、着てみると顔うつりがよく、引き立つことがあります。地味な色でなくても、ビビッド・カラーやパステル・トーンでも、複雑でニュアンスのある深みのある色だったら同じようなことがいえるのは、色にふくまれる〝くすみ〟の効果なのです。肌の色というのはどんなに色白できれいでも、紙の上に取り出せば、何色とはいえない複雑でくすみの入った、決してきれいとはいえない色をしています。だから、肌よりもくすみのないピュアな色だと、目にはきれいにうつっても、着たら顔色のほうがくすんで見えて引き立たないので「似合わない……」印象となります。

思いがけず似合う色を発見！

そのことを頭に入れておけば、「色が黒いから何色が似合わない」などという、「顔色によって色を選ぶ」ようなことは、あまりないので、とにかく自分の〝顔がきれいに見えるトーン〟を見つけるようにすれば、何色だってOKになります。

「年齢によって」というのは、肌のくすみが増えていくことでもありますが、このことを基準にしていれば、妙に派手な色を着て顔を沈んで見せ、逆によけいに年齢を感じさせてしまうなどということも避けられるはずです。

いつでもこのことを考えながら、私は、服の生地の色を指示する〈色出し〉という作業をします。だから、色のアドバイスをするときにはわざと、その人の先入観があって避けている色を聞いて、その色をコーディネートして無理やり（?）試着してもらったりします。すると「エーッ、信じられなーい、意外と似合う！」とビックリとか、「私、こんな色も着られるんだ……！」などと〝目からウロコ状態〟になったり、ひたすら「うれしいーっ!!」と感動したりなのです。日頃思っている説で、その人の色に対しての認識の変化を目《ま》のあたりにできるのは、私にとっても、とても楽しいことなのです。

　色合わせも、くすみの入った色だとどんな色同士を合わせてもケンカしないので、コーディネートが楽になります。そのうえ、反対色のようなかけ離れた色同士でも意外としっくり合ったりもするので（あとは、それが好きかどうかだけ）、自分の服の色のベースをくすみの入ったトーンにしておけば、シックなうえにかなりおしゃれな色合わせが楽しめることになります。

　そういう色自体や色合わせがものたりない感じのときは、ストレートな色をポイントとしてプラスするだけで、全体の色の印象までがグッと変わってしまうのも、こういった色ならではの特長でもあります（専門用語で〝演色性〟といい、複雑であいまいな色ゆえに、合わせる色によってその色自体が違うように見えてくること）。

　ついでに〈柄もの〉のことも。柄ものといっても三〜五メートル離れたら無地に見えてしまうものは、コーディネートのときに〝無地扱い〟でかまわないのです。チェックやプリントなど他の柄ものを合わせてしまっても、柄同士になってしまっても、たいして問題ではありません。「でも、どの程度が？」というのは、色合わせと同じように鏡と相談してみましょう。

そうしてみるとコーディネートというのは、色でも柄でもアイテムでも、「これとこれを合わせてみたら、どうなるかしら？」と、好奇心のおもむくまま、ゲーム感覚にしてしまったほうが楽しいではありませんか？　自分で工夫した、ちょっと〝お約束どおりの合わせ方〟ではないコーディネートができたら、「やったあ！」という気分。おしゃれとは、とんでもなく違った格好をすることではなく、人とはほんの一味違った感じで差をつけることでもあるのですから、失敗をおそれずトライ！

3．コーディネート上達への道

シャツ一枚で二通りの着方も

コーディネートが苦手で、いつも同じ服を同じようにしか着られないという友人にすすめた〝基礎レッスン〟があります。

ひとつだけ自分の着たいものを決めて、組み合わせるものを全部替え、一週間毎日、同じものを着るのです。「なにがなんでも、これを着なくてはいけない」と、真剣に四苦八苦することが大事で、そうすれば少なくとも七種類の違った組み合わせと着方ができることになります。

困ったら雑誌を見たり、だれかの真似をしたり、そうやって自分ではなかなか思いつかないことをちょっとやってみる。それが意外と気に入ったりすれば、結果的に着こなしの幅を広くすることができて、他のものを着るときにも応用が利くようになります。

このレッスンは、まず〝上もの〟（上半身に着るもの）で試してみると、ボトムによって全体の服の着こなしの雰囲気が一変するということがよくわかるでしょう。スカートでも長さやデザインによって、パンツでもスリムとワイドでは感じが全然違うので、「スカートが女っぽくて、パンツは男っぽい」などと一概にはいえないことや、その服のもつ雰囲気や、どんなボトムが自分に合うかもわかりやすくなります。

また、たとえばワイシャツのような超基本的なデザインのもので、ちょっとした着方でまったく印象が変えられることにもトライしてほしいのです。

A・衿もカフスも全部きちんとボタンをかけ、裾もボトムの中に入れて、〝優等生〟の着方です。

B・そのまま袖口を折り返してちょっと腕まくりすると、きちんとした中にも〝活動的〟な感じに。

C・そして、衿もとのボタンを二、三個はずすと（何個開けるかは鏡で見て決める。それによってつくられるVゾーンの見え方をチェック）、よりスポーティーで少し〝ラフ〟な雰囲気。

D・さらに裾を出すと、これはとっても〝カジュアル〟です。

E・でも、その上にベルトをしめれば引き締まって見え、ルーズな印象にはなりません。ベルトの位置がウエストだと〝きちんと〟、ロー・ウエストだとスポーティーで〝今っぽくおしゃれ〟に、またチェーンベルトなどだと〝エレガント〟な印象にも。

F・衿もとのVゾーンに、スカーフをアスコットタイのようにすれば、とても〝きちん

Enjoy! How to wear shirts.
A.
B.
C.
D.
E.
E′
F.
G.
H.
H′
and so on.....
前後逆に着たって!

としてそのうえおしゃれ〞している印象に。スカーフの見える分量は鏡で見て調節します。

G・そのスカーフを外に出すともっと強い〝アクセント〞になりますが、たとえばそれをネックレスに変えれば、また全然違った印象に。

H・インナーにTシャツやニット、ハイネックやUネックのプルオーバーを合わせて、シャツを〝カバーアップ〞として着る方法。このままだとラフすぎるなら、ベルトやスカーフをプラスします。

というように、ざっとあげても〝一枚のシャツの着方〞には、このくらいあるのです。またその上にカーディガンやジャケットを着て、同じことをやってみれば何百通りもコーディネートはできることになりますね。

(!)「いつも同じ着方」でも、〝何百通りの着方を知っていたうえで〞だと、キメの強さが違うものです。ファッション関係者には、シンプルなコーディネートの人が多いのですが、「でもカッコよく見える」というのはじつはこういうことだったりします。どんな人でも、おしゃれは一朝一夕《いっちょういっせき》にしてならず！（そのかわり努力すれば、必ず報われるのですから）。

客観的に自分を見る目を養う

では復習、〈コーディネート上達〉のメリットは、

★もっている服をフルに活用できるので、服を多くもっていなくても、いく通りにもイメージを違えて見せられるので経済的。

★ショッピングのときも、いろいろ他に合わせられるものを考えてからにするので、衝動買いが減る。

★そのうえ、人からは「おしゃれ、センスがいい」といわれ、知的なイメージにもなるでしょう。

という、いいことずくめなのですから、鏡の前で時間をかけて研究してみるだけのことはありますね。

悩んだり迷ったりしたときは、信頼できるセンスの友人に見てもらうのもよいでしょう。また、思いきってその格好で外へ出かけてみて、街のショー・ウィンドウやデパートの大きな鏡でチェックしてみるのも、自分を違った目で見ることができます。すれ違

う人の視線を気にしてみたり「今日の私、これでいいのか不安だったけれど、割といいんじゃない？」とか思えればＯＫなのです。

そうやって、自分を客観的に見る目を養って確認できることによって、少しずつ自信がもてるようになります。同じものでも〝自信をもって着る〟ことができると、引き立ち方はまったく違うものですから。

とにかく鏡の前！　そして外へ出よう！

4．小物はつけ足しではありません！

靴、ハンドバッグ、アクセサリーの気になるポイント

服はパーフェクトにキマっていても、「小物で台無し！」ということは……、よくあることです。文字通り、全体からすれば小さなものなのに、おしゃれの決定権をもってしまうこともあるあなどれない存在です。日本の和服にはもともと装飾品が少なかったし、今も靴を履かない生活が日常のベースになっているせいか、つい靴や小物類を、あとでつけ足しのように考えてしまう傾向があるのではないかと思います。

バッグなどは「もちもの」というくらい、の感じで〝全体のコーディネートの一部〟という考えが薄いので、アンバランスなコーディネートにお目にかかってしまうこともあるわけです。

小物は奥が深いので、くわしいことはあとにまたCHAPTERがありますが、ここではざっと服とのかかわり方と、コーディネート上の気になるポイントをあげていきたいと思います。

靴は全体のコーディネートの性格まで左右する

服になんとなく合っていればいいというのではなく、靴は着こなしの目的を決定づけて、全体のコーディネートの性格まで左右してしまう、重要なポイントとなります。

たとえば軽やかな感じの、ニットとパンツの組み合わせの足もとが、

A・スニーカーだったら、〝カジュアル〟ですね。お休みの日に、元気にお散歩か近所まで？

B・ローファーだったら、〝スポーティー〟で〝ボーイッシュ〟。キチッとした感じなので、通勤にもOKです。

C・パンプスだったら、ちょっと〝エレガント〟。ハンドバッグをもって、スカーフかネックレスをすれば、立派な〝外出着〟という雰囲気。

D・シャープな感じのミュールだったら、〝トレンディー〟。服はさっぱりめでも、足もとに今っぽさを出すだけでとてもおしゃれな感じに。

というように服はまったく同じでも、靴を替えただけで、見え方や雰囲気がまるで違います。その効果を利用して、私は仕事のあとで夜パーティーがあるときなど、服は昼

間のままでも靴だけちょっとおしゃれっぽい感じのものに履きかえたりします。それだけでとても印象が変わり、服を着がえるより手間もかかりません。

ブランド・バッグの問題点

よく昔からいわれている、バッグと靴の色を合わせるというのも最近では〝無難〟とか〝野暮ったい〟印象になってしまいます。

特に最近流行の、〝アクセサリー感覚〟でもつプリントなどの柄もの、フェイクファーやメタリックなどの変わった素材感のものなどは、目を引くのでつい手にとってしまいますね。そういうものこそ「靴と合わせる」なんて、今までの常識は通用しないので、全身のうつる鏡の前で、〝全体のアクセント〟として見ることです。自分で見て違和感なく、気に入った感じにおさまっていればそれでいいのです。

ブランド・バッグが、とやかくいわれがちなのは、コーディネートのほうに問題があることが多いのだと思います。日本でいちばん人気があるといわれている『ルイ・ヴィトン』のバッグは、モノグラム柄にしろエピの美しい鮮やかな色にしろ、着こなし上は、かなりのアクセントになってしまうことは間違いありません。それなのに〝一流ブランドの高価なバッグ〟という理由だけで安心して（?）、もっている人が結構います。服をコーディネートするときだと、「柄もの同士は合わせちゃいけないのよね」と気にするのに、モノグラム柄のバッグを花柄プリントや大柄チェックの服に合わせているのはとても不思議としか言いようがありません。

バッグの大きさも、けっこう全体の着こなしの雰囲気やバランスを左右します。エレガントな感じのときに大きなバッグでは雰囲気をこわすし、スポーティーな感じなのにチマッと小さいバッグでは、イマイチ元気に見えないということもあります。

衝動買いしやすいアクセサリー

女性の身につけるもので、アクセサリーほど個人の好みや思い入れ、価値観がそれぞれ違ってしまうものは無いでしょう。

しかし〝おしゃれ〟に見えることが基準ならば、そういう部分につとめて冷静に見る努力が必要です。

たとえばピアス、リングなど、いつも習慣のように身につけているものでも、全身のうつる鏡でチェックしてみましょう。必ずしも小さいものだから気にならないということでもありませんから。

またアクセサリーは、手にとって見た感じだけで決めてしまう、衝動買いしやすいアイテムでもありますね。買う時にもやはり全身のうつる鏡でうつして見ると、自分に合っているかどうかがわかりやすくなるので、失敗も少なくなります。

CHAPTER 5

小物という大きな存在

1.「好き!」と似合うことは、別

趣味か実用かで、遠のくおしゃれ

〈小物〉というのは、全体からすればほんとうに小さな面積のものなのに、往々にしてその人のおしゃれ度を決定してしまうほどの存在感をもっています。また、ひとつのものとして完成度や完結度があるせいか、コレクションの対象になったり、鑑賞して「趣味を満足させる」こともできるでしょう。それが高じて「もっているだけで幸せに感じる」ことにもなりかねない小物の魅力を、まず分析してみましょう。

服の場合だと、身体《からだ》をおおう面積も大きいし、着る人が基準となって、「サイズが入るの入らないの」「きついのゆるいの」「色や柄が好きだ嫌いだ」「デザインが似合うの似合わないの」などと、考えてみれば、気に入った服を手に入れるというのは、意外と条件のハードルがいくつもあるものです。

ところが小物は、身につけるものといっても「簡単につけはずしできたり」「サイズが関係なかったり」、コーディネートのところで書いたように「もちもの感覚だったり」するので、つい〝自分が身につけるもの〟ということから離れていってしまい、自分を引き立たせる効果よりも、好き嫌いや趣味的な要素が先行しがちなことがよくあります。

しかし、そのまったく逆の場合もあるのは、たとえば、日常生活でなくては困る、機能が優先するもの（眼鏡《めがね》、財布、ポーチ類など）や、必要に迫られてもつもの（旅行用バッグ、文房具、傘など）は、ほとんどデザインや色のことに気がいってなかったり。「まあ、いいかなーっ」くらいだと、思わぬところでセンスを疑われたりするハメにもなります。

要するに〝趣味〟か〝実用〟か、どちらに基準が振れすぎても、おしゃれということからは遠のいてしまうので、そうならないためには、あくまでも服と同じ、どんな小さなものでも自分の〈全身の一部〉として、冷静に客観的に判断することが大切です。

「じゃあ、全体の雰囲気に合うものしかダメなの？」と、ただ合わせればそれがベストということでもありません。小物こそ、〝取り合わせの妙〟ともいうべき合わせ方のキメとハズし加減が即、おしゃれ度に通じるものなのです。こう書くと、とても難しいことのように思えてきてしまうかもしれませんが、まず自分のもっているもので今までと違う組み合わせをしてみたり、取り替えてみたりを鏡の前で楽しんでやってみることでいいのです。

〈小物のコーディネート〉に対する見方、考え方は前の章で説明したので、ここでは主にあなたを引き立たせてくれるようにするための有効な〈小物の選び方〉を、アイテム別にじっくりと、そしてちょっと手厳しく（?）コーチしていきたいと思います。

★「カワイイーっ!!」と思って手にとったブローチははたして「あなたをカワイく」見せてくれるのでしょうか?

★うっとりとするほど美しい曲線の、女らしい繊細で華奢《きゃしゃ》なハイヒールは、「あなたのちょっとでも細く見せたい脚」にとってメリットなのでしょうか?

その答えは……?

2. みんな大好き、アクセサリー

〝カワイイ〟のはブローチで、〝あなた〟ではない

「ちょっとカワイかったんだものー」「きれいだったから」「だって、安かったから」などと衝動買いしてしまうものの一、二を争うアクセサリー。女性は小さくてカワイイもの好きということもあるし、もっていてもあまり場所を取らないから、ある日気がついたらゴッソリ！　でも、あまりつけたことはなかったり……？

コレクションを楽しむ趣味ならかまいませんが、いざつけようと思ったらなかなか合うものがなかった、というのは困りますね。見た目のカワユさや、楽しさなどという〝趣味的〟ではなく、実際的、効果的に活用したいならば、選ぶときに確かめなくてはいけないのは、

★それは「あなた自体を素敵に見せてくれる」でしょうか？
★それは「全体のコーディネートを引き立たせてくれる」でしょうか？

ということなのです。

前の項目での「カワイイーっ!! そのブローチは、あなたをカワイく……?」は、ミもフタもない言い方をしてしまえば「カワイイのはブローチであって、あなたではない!」ということにもなりかねないわけです。

さあ、ちょっと痛いかもしれませんが、見直してみれば、おしゃれ度は確実にステップアップしていくものです。

揺れるイヤリング、ピアスは要注意

小さいので目立たないと思って、仕事中もつけている人も多いようですが、金属の表面がピカピカ光るものや、ラインストーンなどのキラキラするもの、特にチェーンやチャームの下がった揺れるデザインは、けっこう思っているよりも目立って、〝遊びっぽい印象〟になりがちです。他のアクセサリーでもチラチラ〝揺れるタイプ〟には注意、仕事中には意外と目ざわりになることがあります。

逆に大きめのものでも、光沢をおさえた金属のものや、樹脂系などのソリッドな表面感、立体感があまりないデザインでピタッとつけられるものだったら、派手ではなくモダンでシックな印象になります。要するに、イヤリングにかぎらず、アクセサリーの大きさと派手さは、必ずしも比例しないので、思っているイメージと実際つけたときの感じの違いを、鏡の前で確かめてみましょう。

首を太く見せるネックレスとは？

長さの種類は、首元ぴったりのチョーカー・タイプから、ロング、チャームやペンダントつきなどいろいろありますが、首自体が気になる人（短い、太いとか、シワがあるなど）は、いさぎよくしない、というのもひとつの選択です。気にしているところには、なるべく目をいかせないということですね。何気なくつけている人が多い、とても華奢で細いチェーンなどは、へばりついた感じに見えたり、かえって首を〝頑丈に〟見せてしまうので、損です。するならエスニックっぽいゴロゴロしたタイプなど、大ぶりのネックレスの方が首自体を目立たせません。

もうひとつの方法としては、ハイネックやタートルネックやプルオーバーの上にとか、シャツやブラウスなど服の上にするというテクニックがあります。首に問題がない人にも、これは洗練度が感じられるおしゃれなつけ方で、アクセサリー自体も目立たせることができるので、アクセント効果としても大になります。同じものでも「つけ方の違いでどう見えるか」を試してみるといいですね。

繊細な指輪は逆効果?

手や指に自信がある人はどんなタイプでもOKですが、ぽっちゃりと肉付きのよい手や、たくましい頑丈そうな指の人が、ただ見た目が素敵だからと華奢でデリケートなデザインの指輪をしてしまうと……? コントラストで、よけい手の丸さやごつさを目立たせてしまいます(願望が入ってしまうのでしょうか、意外と見かけます)。

ある程度ボリューム感のあるデザインや、またはゴツいくらいのタイプを選んだほうが、コントラストとして手や指を確実にスッキリと見せ、指輪の存在感も出るので、おしゃれなイメージにもなります。

そういうデザインは「カワイくないし……」「女らしくないんだもの」ですか? でも指輪が主役ではないのだから、あなたの手の見え方にとって逆効果だったら意味がありませんね。そういうことのせいか、それともひたすら女らしい路線は今時流行らないせいか、最近はシルバーなどから始まって、男の子がするようなボリューム感のものなど全般的に大ぶりのものも多くなっています。白魚のような指の人でもよりいっそうそれを強調するために、ということもあるので指輪によって自分の手がどう見えるかを、自分の好みにとらわれずいろいろなタイプで試して比べてみましょう。

手首に張りつくブレスレットと時計

繊細でまとわりつくような、華奢なチェーンのブレスレットはどうですか？　いわなくても、もうわかりますね。そして半袖やノー・スリーブの場合は、手首だけでなく腕とも相談することです。指輪と同じことで〝バングル型〟のような、スッキリとしてボリューム感のあるタイプは何個か重ねづけもできるし、腕自体をすっきり見せる〝味方〟になります。

時計も同じです。アクセサリー的に見るならば金属製の細くて華奢なブレスレット・タイプのものは、いくら高価だろうと、手首にへばりついているとか、くい込んでいる（！）という感じに見えたら高いぶんだけよけい悲しい！　細い革ベルトの小さいいかにも婦人用（南京虫タイプ）サイズの時計も同様な印象になりやすいのです。

最近は女性のダイバー用やスポーツ用の時計も多く、それを普通のときでもしている人が増えました。ファッション的にはメンズサイズのゴツめが主流になっているのは、見かけのアクティブ感とアクセサリーとしての存在感、そして手首や腕を細く見せてくれるから、ということがあるからでしょう。

それから時計にはキメとハズしの感覚がすごく出て、それが「しゃれっ気」や「ユーモアのセンス」、ときには「その人の本質」（？）まで、語らずして雄弁にあらわしたりもします。たとえば〝テーラード・スーツがよく似合うデキるタイプの女性〟が、『カルティエ』の時計なのか（スキのない、ばっちりのキメですね）、『スウォッチ』なのか（この人冗談通じそう）、『ダイバーズ・ウオッチ』なのか（意外とワイルドなのかも？）、婦人サイズの『小さい上品な時計』なのか（この人って見かけよりも保守的な感じ）……というように、けっこうイメージを左右してしまうものでしょう？

さて、小物を「習慣的に何となくつけてしまう〝お約束〟という感じのコーディネートからは、おしゃれとしての効果は期待できない」と前の章で書きましたが、そのためには当然買うときからおろそかにしない気構えが必要ということですね。

どんな小さな小物を買うときでも、まわりを見まわせばどこかに大きな鏡があるはずです。お店の人に断ってそこまでもっていってちゃんと全身で見れば、似合うか似合わないかがわかりやすくなるので、買っても出番がないというような失敗が少なくなるでしょう。もちろんそのためには、ふだんから自分の姿をちゃんと全身で見る習慣をつけておくことが大切です。

小物といえど全身でチェック!!

3．ハンドバッグは人柄や生活感も出る？

赤いショルダー・バッグの素敵な女性

女性として毎日必ずもち歩かなくてはならないバッグは、人それぞれに必要な機能や収納量のことがあるので、単にデザインや形だけでは選べないものですが、小物のポジショニングとして、コーディネート上では靴と争うくらいポイントが高いものです。なのでなんとか自分の条件にもかなって、全体としてのバランスもよく、そしておしゃれにも見えるような選び方にもっていきたいものです。

最近はやはり小物の注目度が高いせいで、比較的価格もこなれた実用的な海外ブランドや、目的別・機能別などとてもバッグ類のバリエーションが増え、選べる範囲が広くなりました。

またリュック型やトート・バッグ型のように、もとはカジュアルな雰囲気のものでも素材感やデザインで仕事のときにも合うものがあるし、（〝ハズし〟が蔓延《まんえん》して〝キメ〟の一種になっていった例といえます）、女性用のブリーフ・ケースや、また男性用のバッグも豊富になっているので、そこからも選ぶことができます。

ある時会った仕事帰りの女性が、スッキリとした雰囲気の服装にいかにも便利そうな、書類もすっぽり収まるくらいの革のショルダー・バッグをもっていましたが、色が〝赤〟だったのです。とても素敵だったので聞いてみると、仕事上紺やグレーのスーツを着ることが多いので見た感じが重くならないように選んだ、ということでした。赤という色でも、大きく機能性のある形のせいか、遊びっぽいとか子供っぽい感じはまったくなくて、全体のよいアクセントとなっていて「大人っぽく、センスのある女性」という印象でした。

仕事のときは、いろいろ条件や制約もあって当然なので、つい〝いかにも〟というおざなりなパターンになりがちなところを、この女性のように、「どこかに自分らしい感じを出す」ようにするというのは、まずその姿勢が素敵です。「仕事用なんだから、おしゃれにしてもしょうがない」などと自分に言い訳しないで、前向きにこういう選び方・考え方ができるのがほんとうのおしゃれだと思います。そしてもちろん〈全体のアクセントとしてのバッグ〉というコーディネートに成功している例でもあるわけですね。

二個もちバッグの利便性

日頃荷物が多い私は、ひとつのバッグだととても大きなものになってしまうので、いちおう普通サイズのバッグ（といっても大きめですが）と、もうひとつは雑誌でも書類でもサンドイッチでもなんでも放りこめるトート・バッグ・タイプのものとの二個もちにしています。もちろん、一個の大きな重そうなバッグで全体のバランスを崩したくないという〝おしゃれ度〟を考えたうえと、こうしておくといらないときにはひとつを置いてきたり、クロークに預けたりと、便利でもあります。それに二個に分散してもつほうが〝重さ〟を感じないような気がするのですが……（気のせいでしょうか？）。

ここでまた、みんな興味のある〝ブランド・バッグ〟のお話をしましょう。

伝統に裏打ちされたいわば〝老舗《しにせ》〟のメーカーがつくりだすバッグは、デザインもさることながら、吟味《ぎんみ》された素材、確かな技術、入念なつくりなどで、素晴らしいものが多く、やはり「革を扱っている歴史の違い」を実感します。それだけの価格と完成度と価値観のあるものは、どんなシンプルなデザインであってもおのずと存在感を誇示しているものです。

だから選ぶときは、単なる〝見た目の素晴らしさ〟だけに心を奪われないで、冷静に考えてみなくてはいけません。たとえば、身につける他のものとのバランスは大丈夫ですか？　バッグが二〇万～三〇万円もするのに、靴が安っぽかったり、着ている服が薄っぺらに見えてしまったらナンセンス！　悲しいではありませんか（ハズしでわざと

〝ミス・マッチ〟の、ちゃんとした狙いがあれば別ですが)。またそのバランス感覚は、自分の生活感ともリンクしないと(もとは貴族御用達だったところが多いわけですから)バッグだけ浮いてしまうので、そうならないように「いかに自分に引き寄せてもてるか」が肝心です。

たとえばエルメスの『ケリー・バッグ』の錠前のついたデザインは、もとはといえば「私は、外出するときにお財布を出さなくてもいい生活をしています」という超スノッブな意味合いなのだそうです。「運転手付きの車」に「お買い物は行きつけのお店」で、「お食事は御招待かパーティー」、という生活のことなのでしょう。なので、もとの意味を知っていたうえで〝自分なり〟のもち方をすることです。せめて、もったときには「電車に乗らない」くらいに思っている気持ちが〝それらしい雰囲気〟になるということはあるでしょう。

私は……?、といえば、いつもアタフタとした生活を送っているうえにそそっかしいので、開け閉めに手間取りそうなあのデザインといい、あまりものを詰め込んでしまっては美しくなさそうなあの風情といい、残念ながら似合いそうもないのでもっていないし、欲しいとは思いませんが。(負け惜しみ!?)

もちものの少ない人に憧れる

『ケリー・バッグ』はともかく、もちものの少ない人には憧れます。小ぶりのバッグの人は、それだけでアカ抜けているイメージがします。そして、もし、おしゃれなのに〝手ブラ〟で歩いている女性がいたとしたら（イメージとしては、トレンチコートのポケットに手をつっこんでさっそうと……）、それは私にとって許しがたくカッコいい！と、これはまるで個人的な憧れなのですが。

ついでに、バッグの中身にもご用心！　いくらセンスよく素敵なブランド・バッグをもっていても、取り出したお財布が妙にミス・マッチだったら？　おばさんくさいデザインや、くたびれていたり、そのうえレシートでパンパンとかだと、何か〝知りたくもない生活感〟が漂ってきて、急にその人のイメージが醒《さ》めてしまいます。ケバケバしくて安っぽいとか、妙に乙女チック・手芸チックな化粧ポーチなども、見えてしまうと「うーん、見てはいけないものを見てしまった……！」ということは、意外とあるものです。

バッグの中身は定期的に点検したり、せめて人に見られても恥ずかしくないくらいのところまでには心がけましょう。ほんとうのおしゃれというのは〝見えないところに凝る〟くらいの心意気なのですから。

4・スカーフは死蔵アイテム、ナンバー・ワン?

スカーフは服の一部と考える

スカーフを買う時も「ちょっと見かけたとき、色と柄がきれいだったの……」「触った感じが好きで(シルク・フェチ?)」などと、アクセサリーの場合の衝動買いと似ているけれど、もう少し動機としては弱く〝なんとなく買い〟という感じで、買ったあとは、アクセサリーよりももっと使えずに〝死蔵〟しているという話をよく聞きます。なぜ使わないのかという理由が、

A・〝どうやって服に合わせていいか〟わからない。

B・〝結び方〟がむずかしい、わからない。

ということは、やはり買うときに「服とのこと」「使い方のこと」「全身に対してのこと」を考えていないからでしょう。はじめにあげたような理由で、スカーフ自体を気に入ってしまって、売り場の小さな鏡でチョコッと見てみただけか、ひょっとしたら自分に合わせてもいなかったり?

シルクの上品な光沢やしなやかな感触、複雑な織り柄、美しい絵のようなプリントなどに感動したという理由で、アクセサリーと同じように〝きれいな布〟のコレクションだったら口出ししません。

でも、じっさい使いたい基準だったら、Ａの答えは、まず買うときに、スカーフではなく「ブラウスだと思って選ぶ」ことです。

たとえばふだん、ほとんど無地などのスッキリシンプルなものしか着ない人が、スカーフにかぎっては〝大柄プリント〟や、〝極彩色〟や、〝凝った多色入り織り柄〟ということもありがちです。もしこれがブラウスだとしたら、この人は着るのでしょうか。もしブラウスとしたら、無地好きな人がたまにはプリントを着たい場合、よっぽどリゾートとか気分転換のためでもなければ、あまり柄の印象がきわだつものは選ばないですよね。スカーフもそう考えてみれば〝無地のもの〟からはじまって〝さりげない小柄〟や〝渋い色〟も当然入ってもよいはず。でも「それじゃあ、つまらないわ」「アクセントにならないんだもの」ですか？　それが失敗のもとです。

そんなに気ばらなくてもスカーフのアクセント効果というのは、たとえ服と同色で無地だったとしても、服の上に立体感や動きを与えてくれることで十分なのです。

柄や色などの要素が多くなればなるほど、存在感が強くなりすぎて「しにくい」「合わせられない」「むずかしい」から〝死蔵コレクション〟という運命をたどることになります。

なのでスカーフを使えるようになりたい人は、〝無地〟か〝小柄でシックな色目〟の、そして小判の四角型かたて長型のしやすいサイズで、生地もシフォンなどのしなやかで薄手のものをおすすめします。そういうものなら合わせやすく、気負いなくできるので、慣れていったら、だんだん色や柄のバリエーションにトライしていけばよいわけです。早い話「習うより慣れろ」なので、次の問題も一緒にクリアしてしまいましょう。

結び方のマニュアルはない

Bの質問は、今まで何百人（!?）の人から聞かれたことでしょう。「スカーフはもっているのだけれど、結び方がわからないので教えてください」、すると私は「あのですね、スカーフに結び方なんてないのですよ」ということから説明しなくてはなりません（フーッ！）。

世の中、几帳面《きちょうめん》な人が多いのか、それとも日本には〈帯〉などという、きちんと〝結ぶ・結う文化〟があるせいなのかもしれませんが、私の答えは、まず「結ばなくてもいいのですよ」と。

鏡の前に立ち（当然、全身です！）、首に引っかけた布っきれ（スカーフ）を、見た目で面積が大きすぎれば折ってみたり丸めたり、少なければ広げたり引っぱり出したりしてみます。スカーフはアクセントとしての色や柄の分量を調節するために、それを〝結ぶ、ということもある〟ということで、初めに〝結び方〟ありき、ではないのです。

薄くソフトなシフォン・タイプのものなどは、〝結ばない〟で、首のまわりにまとわせるだけでも美しくエレガントな雰囲気になるので、初心者にはおすすめです。要するに髪の毛と同じで、風や体の動きにつれてさりげなく動いたりなびいたりする感じがいいのですから、キメようとしっかり結んでしまっては味がなくなってしまいますね。

「でも、『エルメスのスカーフ』には結び方の本がありますよ」ですか？　それは、生地がかなり〝特殊に立派〟だからです。張りのある綾織りで重厚感あるシルクは「普通一般の薄っぺらなものとは違って、当ブランドのスカーフだったらこんなこと（芸当）も、できるのでございますよ」という、デモンストレーションのようなものだと、私は思っているのですが。〝結び方〟というより〝フォールディング〟（折ること）に近い感じがしますし。

ものの中に込められている、スノッブなブランドのメッセージというのはなかなか奥深くて、ちょっと意地悪なところもあるので（『ケリー・バッグ』のように）、それを知ったり、考えてみることはとても面白く興味深いことです。

強いアクセントとして求めると、着ている服が負けてしまったり顔より目立ってその人の印象を薄れさせては元も子もありません。もちろん、最終的には〝全体をシンプルにおさえて、印象的なスカーフをアクセントにしたコーディネート〟でキメることは可能です。でもその前に、まずはプレーンなタイプ（無地や小柄）のものを、服の一部のようにこなせるようになれば、日常的にはメリットも多いはず。というのは、中途半端なアクセサリーをつけるよりスカーフ一枚まとわせるほうが、着ている服の印象を一瞬にして変えることができるからです。

仕事帰りのデートやパーティー、そして旅行や出張などの〝変身用（？）〟に、ハンドバッグから一枚パッと取り出すだけで、全体のイメージを手品のようにおしゃれにエレガントに変えてくれるのですから。「スカーフほどコスト・パフォーマンスのあるアクセサリーはない」というのが、私の持論なのです。

5．靴とのバランスに、思い違い多し！

足が小さいのは、バランスが悪い

「靴は、おしゃれのカナメ」というのは昔からいわれてきて、今も生きているおしゃれの常識のようなものです。極端にいってしまえば靴の威力は、服はまあまあでも、いやひょっとして〝手抜き〟になってしまっていても、足もとさえキマっていれば「全部OK！」になり得るくらいなのです。そして、その逆は絶対にあり得なくて、他の部分がどんなにキメキメでも、靴がイケていなかったら全部がオジャン！という悲惨なことにもなります。

しかし、ただひたすらお金をつぎ込んで、高級な靴、トレンディーな靴を取っかえ引っかえ履いていることがイコールおしゃれなのではなく、じっくり見極めてほしいのが〈身体と靴とのバランス〉なのです。

日本伝統の和服にもとづく言い伝え（？）がまた出てきますが、女性の大足はまるで恥ずかしいことのようで、確かに和服姿を想像すればそうかもしれませんが、洋服の場合は、まったく正反対といえるのです。洋服の場合は単純に、「足が小さいとバランスが悪い」と思ってください。

はやい話、欧米人は、もし身長が同じくらいだったらだいたい私たちより足のサイズが大きく、大きくなければ長細かったりで、それが洋服っぽいバランスということになります。きっと彼女たちは「足が大きくて恥ずかしい」などと思ったことがあまりないのでは？　「外国人って、洋服が似合っていいなー、カッコいいな」と、ただ指をくわえて見ているのでなく、よく観察・分析してみれば「なるほど！」と、私たちにも取り入れることのできる、少しでもカッコよく見せてくれるようなポイントはあるものなのですから。

故ダイアナ妃の脚線美はまさにカモシカの、といいたいくらい、膝から下が長く、引き締まっていてうっとりするくらい見事でしたが、足のサイズはかなり大きいと見ました。しかしそのサイズがあってこそ、あのように美しい脚に見えるわけです（あの脚に、ちょこんと小さなサイズの足では想像できないでしょう？）。

靴はハーフサイズ上を選ぶ

前置きが長くなりましたが、まず、サイズに関しては前述のように、誤った思い込みも多く、ひいてはそれが全体のバランスをアカ抜けなくしていることもあります。デザインを選ぶ前に、サイズを選ぶセンスも必要なのです。

たとえばよく見かけるパンプス系を履いた人が、足にぴったりすぎるサイズで「足の甲の肉がもり上ってきゅうくつそう」とか、「靴が足の形どおりに丸く広がって変形」していたりとか。

本来は女らしい足もとを演出してくれるはずのパンプスがそんなことになってしまうのは、私にとっては見ていて「とても恥ずかしい！」と思えるのですが。足の形を言い訳にしないで、ハーフサイズ上のものにするだけで、見え方と、傷み方が全然違います。「なるべく小さい足に見せたい」という、大和撫子《やまとなでしこ》魂が裏目に出てしまっています。

パンプスにかぎらず、靴の形はある程度細長く見えるほうが美しいもの、それに脚の長さまでスッキリと見せてくれます。女性の靴は比較的ソフトな革でできているものが多いので、少しサイズにゆとりがあるほうが、変形や傷みが少ないのと、なにより履いていて楽！ ゆとりが多くて歩きにくかったら〝中敷き〟（この頃は靴売り場にいろいろな種類があります）を入れて調節すれば大丈夫です。

こんなにいいことずくめなので、靴を買うときにはいつもの「ジャスト・サイズ」と「ハーフサイズ・アップ」を試してみましょう。

足だけ見ると大きく感じても、全身では大きく見えずに意外とベターなバランスなはずなので、慣れるようにしましょう。

サンダルやミュールなど、足をおおわないタイプにはあてはまらないこともありますが、デザイン自体が大きく見えたり長く見えるものを選ぶことはできるので、いろいろ履いて見え方を比べてみます。

私自身、とても靴好きで、華奢な女らしいタイプからゴツいワーク・ブーツ、スニーカーまでいろいろ履きますが、基本的には「ハーフサイズ・アップ」で、甲が深いデザインや紐靴だったら「ワンサイズ・アップ」以上の場合もあります（だから中敷きの調整は、各種取り揃えてあってお手のもの）。

そのサイズを決める基準は〝見た目〟で。特にカッチリしたローファーやマニッシュなタイプの靴そしてスニーカーは、ある程度大きく見えないと、足もとが「子供っぽい」「学生っぽい」印象になり、おしゃれな雰囲気に見えないものです。

靴と脚線美の関係

ダイアナさんほどの脚はともかく、少しでもほっそりすっきり見せたいならば、当然靴のデザインにも気をつかわなくてはいけません。

このCHAPTERの初めに書いた「うっとりするほど美しい曲線の、女らしい繊細で華奢なハイヒールは、〝あなたのちょっとでも細く見せたい脚〟にとって、メリットなのでしょうか？」の答えは、次のようなチェックをするとわかりやすいのです。

靴を履いたとき、前や横からは見ても、いちばん靴と脚の太さのコントラストが出やすいのは後ろから見た〝ふくらはぎと、ヒールの対比〟です。ヒールが細ければ当然コントラストがつきやすく、脚の太さが強調されることにもなるのですから。

ただヒールの太さ細さだけではなく、高さや形にもよるので、脚に対して気にならなければいいのですが、〝後姿に注意〟ということです。

靴に合わせて服を決めることも

ショップなどで服を試着するときは、なるべく靴も雰囲気に合ったものにしたいものです。CHAPTER　2で書いたように「洋服は、靴まで入ってがコーディネートの基本」なので、それなりの合う靴を履かなければ服の感じもわかりにくいのです。特に今までとは違った新しい感じの服にトライするときは、服だけではわかりにくいこともあります。

これだけファッションが進歩しているわりに、今ひとつおしゃれなカッコいい人が増えない気がするのは、日本人が靴を履かない生活を中心にしているからかなあと思うことがよくあります。「畳の上で服を着て、靴はつけ足し」だから？　でも、問題は〝意識〟なので、「靴を履かなくてはコーディネートにならない」と、自分の部屋でコーディネートをするときも、新聞紙をひいて靴まで履いて見ることです。気に入った靴に合わせて、服を考えるようなことがあってもよいですね。

そして靴は酷使されるので、〝お手入れ加減〟というのもひと目でわかってしまいます。革という素材は手入れしながら使っていって、ある程度自分に馴染《なじ》んできた頃が本来の〝味〟ともいえるので、どの〝頃合い〟が自分の好みか確かめながら手入れすることは当然です。おしゃれな人なら自分の靴は自分で磨くというのも、こういうことからなのです。

6．時計、貴金属も気が抜けません

その価値に依存しすぎていませんか？

腕時計も、最近は何タイプかもっていて、目的や着る服によってつけ替えるのが普通になってきていますね。しかし高額なものになるとステイタス性という意味合いも強くなるので、コーディネートには気をつかわないとただブランドや価格を誇示するだけの〝見せたがり〟に思われても仕方がないでしょう。

たとえばその価値に頼りすぎて、どんな服のときでも「これさえつけていれば大丈夫、だって高いんですもの」とか、「よいものは、いつでもなんにでもOKなの」という、ものに依存したつけ方になって、そのものだけ浮いてしまえば、コーディネートしているとは言えません。

腕時計や貴金属は、大事な人からの大事なプレゼントということも多いので、「肌身離さずつけていたい」気持ちもわかりますが、なるべくふだんの自分のコーディネートに違和感のない合わせやすいものを〝知らせておく〟とか〝一緒に選ぶ〟のがよいでしょう。「どうせ買ってもらうんだからなるべく高いものにしよう」なんて、さもしい根性ではほんとうのおしゃれにはなれませんから。

ゴールド系かシルバー系かを決める

ついでに貴金属とのつき合い方としては、自分のアクセサリーのベースを、ゴールド色かシルバー色に決めておくといいでしょう。そうすれば一個一個は小さくシンプルなものでも〝重ねづけ〟ができるので、変化がつけられたりゴージャスに見せられたりで楽しむことができますね。

ずいぶん前にミラノへ行ったときでした。突然ジュエリーに目がいって、そのデザインの豊富さや自由さ、イタリアの手工芸の技術の素晴らしさに、「うーん、オトナの女は、ひとつくらいもっていても……」と、同行の友人と盛りあがって適当なものを探しにかかりました。

でも何軒まわっても「なんだか、似合うのがない……」ので、残念な気分、でもすれ違う人の首もとについ目がいってしまいます。そこで「あっ、そうだったのか！」と、気がついたのはイタリア女性の、ひとことでいえば〝濃い〟印象でした。彫りの深い顔立ちにさらにメイクもして、メリハリのある身体には仕立てのよい服をまとって威風《いふう》堂々《どうどう》、そして小麦色に焼けた肌にはゴツいくらい大ぶりなデザインのネックレス……。

メリハリもなく〝薄い〟人種の私たちには「とても、こなせない」ものだった、と買ったあとに気がついたのではなくて本当によかったのですが。(白状すると、私はこのとき〝全身〟で見てはいないのでした。反省)

CHAPTER 6

顔まわりのこと

1. 顔は全体の一部です!

あなたは派手顔か、地味顔か

「そんなこと、いわれなくたってわかってますけど……」ですか? いえ、はっきりいって〈顔とその周辺〉は特別指定区域(!)、誰でも自分のどんなところよりもいちばん〝顔だけ〟で見てしまって、いちばん固執しやすく、変えにくいところなのです。

だから、いくらおしゃれや体型にメリットがあるアドバイスをしても、そうは簡単に受け入れてもらいにくいのが、顔および顔まわりなのは、「CHAPTER 2・正しい体型コンプレックスを!」でのタートルネックの話のところにも出てきたとおりです。

とにかく、どのくらい「自分の顔を、客観的に冷静に見る努力ができるか」ということが、より素敵になれるかなれないかの分かれ目になります。メイクアップやヘアスタイルなどのことをふくめた顔まわりの印象を整えることによって、〝自分のなりたい全体のイメージにふさわしい顔〟にすることができれば、ワンランクもツーランクもおしゃれのグレード・アップができるのですから。

さあこの章で、あらためて自分の顔と向き合ってみましょう。三面鏡を使うのもよいですね(これを見慣れていないと、自分の顔でもビックリ! 気がつかないことがあったよく観察して（ほんとうは見たくないところもいっぱい！ でも他人からはいつも見られているわけだから、知らないのはもっとコワイ！）分析し、よりよい自分のイメージになるためのポイントをさがします。

ただし顔のことは、〈セルフ・イメージ〉と同様に、自分の顔がどういうタイプなのか印象を把握しておくことが必要です。

たとえば、たいしてメイクしていなくても「化粧が濃い」といわれてしまう人は、もとの顔立ちがはっきりしているので、印象としては〝派手顔〟です。この反対は〝地味顔〟ですが、あまりインパクトのない、さっぱりとしておとなしい顔立ちということです。

〝派手顔〟か〝地味顔〟かによって対処法は違うけれど、「どっちが得」ということもないと思いますが、顔こそ究極のないものねだり、自分の顔に一〇〇パーセント満足している人なんて絶対にいないので、ああだったらこうだったらと不満をいわずに、これも〝自分の持ち味〟として前向きに考えるほうが、時間とエネルギーのムダがないというものです。では両方の注意ポイントを。

派手顔メイクは〝引き算〟のバランスで

〝派手顔〟は、とかく濃い、強い、印象になりがちなので、なるべくメイクもヘアもさっぱり目で、〈引き算のバランス〉を心がけましょう。〈足し算〉だと、即、〝TOO MUCH!〟になって、ケバケバしいとか下品な感じにもなりやすいのです。と、いい切ってしまったのは、どちらかというと私も派手顔なので、そうならないように気をつけているからです。

たとえば顔まわりにくるアクセサリーなどは、ほとんどつけなかったり、「これって、女の楽しみ半減かも……」と、思うこともありますが。

さて地味顔は、顔立ちにメリハリがないので〝童顔〟に見られたり〝年齢不詳〟な感じでもあり、男女問わずオリエンタル・アジア系の人が、欧米人と比べて若く見えて老けにくいのは、この顔立ちのおかげのようです。

さっぱり淡泊な〝地味顔〟だと、メイクの遊びやヘアのアレンジを存分に楽しむことができます。

意外かもしれませんが、モデルさんにはこの地味顔の人がとても活躍していたりします。目的によってなるべく多くの女性のパターンをこなせるように変化できるのが、プロのモデルさんの条件でもあるわけですから。

えっ、どっちでもない中間タイプ？　お化粧すると派手になって、しないと地味？　それはすごく得かもしれませんね。タイプによって対処法が違うので、自分の顔のタイプを頭に置いて、このあとの項目に進みましょう。

2．〝似合わない色〟は口紅のせい？

口紅は服と違和感のないトーンの色を

着る色で、「私はあの色は似合わないの」「この色はダメ！」と、頭から決め込んでいる人にかぎって、口紅の色は「私は、ずっとどこの何番」などとこだわって、何年も変えていないとか、または服は替えても口紅の色はいつも同じ、ということはないですか？ そんなことだと、本来は似合うはずの色でも、似合ってくれないことがあるのです。なぜなら口紅の色も、〝全体のカラー・コーディネートの一部〟なのですから。

服のアドバイスをしているときでも、私はこのことをいわずにはいられません。試着していただいて、服や着方の説明をしてからおもむろに「口紅の色を変えると、もっとその色が似合いますよ」というと、「なんのこと？」と、キョトンとする人が多いのです。「顔というのは、服とは別で関係ないもの」なのか、「顔が主体で、服はそれに合わせるもの」と思っているからでしょうか。

たとえば服の色がデリケートなパステルカラーなのに、口紅が強い色やダークな色では、せっかくの色が引き立ちません。

色を同じに合わせるというのでなくても、着ている服の色との違和感がないように色のトーン（色調）を調整するだけでもよいのです。持っている口紅の色をミックスしたりなじませたりすれば、しっくりと〝似合う〟ようになるものです。

二、三年前から流行ってきて、今やベーシックともいえるベージュ系の口紅は、肌の色に近く、濃淡はあっても赤やピンクなどのようなアクセントではなくて、その「色味のないクールな感じが媚《こ》びずになんとも今っぽい感じ」なのです。そして顔だけで見ると顔色が悪く見えるような気もするけれど、全体で見れば洗練された印象にもなったりします。

だから口紅の色を確かめるのも、服を着て、しつこいようですが〈全身のうつる鏡〉なのです。口紅の色だけにかぎらず、メイクアップには服よりももっと時代感覚やセンスがあらわれるものです。

「首から下はカンペキ！」に、トレンディーでファッショナブルにキメても、メイクが〝今っぽく〟なかったら、またもやかわいそうな〈FASHION VICTIM〉と思われてもしようがありません。

唇が大きく厚いほうが小顔に見える

そして口紅の新色はいちいち買わなくてもいいけれど、どういう色が〝今っぽい〟のか知っておくことは重要で、自分の色を少しそちら寄りに調整するだけでも、ずいぶんイメージは変わるものです。こういうときにおすすめなのはリップ・ペンシルです。トーンの調整などは口紅を筆で混ぜるよりも簡単で効果的、色調の違うものを三本くらいもっていればすごく便利なうえ、口紅より安くて、落ちにくい、かさばらない、ので私は大活用しています。

唇のことが中心になってしまったのは、このところ顔のポイントは〝目よりも唇〟だからといえるからでしょう。スーパー・モデルにしろ女優にしろ、プックリした大きめの唇（はやい話、タラコ唇系）が魅力的な人が主流で、この傾向は〝小顔願望〟と関係があると思えます。なぜなら、唇が大きく厚いほうが顔が小さく見えるでしょう？日本でも〝おちょぼ口〟などという昔からの呪縛《じゅばく》（？）があったわりには、この件に関してはくつがえるのが早かったようです。

顔にもセンスは出ます。〝ハズした顔〟にならないように客観的に、マメに研究しましょう。

3. ヘアは〝頭の大きさ〟と思って！

雑誌の写真で好みのヘアスタイルを研究する

髪は、情緒的にとらえられて「女らしさのシンボル」とか、「男性は、長い髪の女性が好き」とかの理由がヘアスタイルの決め手になっていることはいまだに多いようです。

しかし、私たちの黒くてしっかりとした髪の毛は、そのまま頭の大きさとして〈全身のバランス〉を大きく左右することとなってしまいます。だから、そういう情緒的な理由や、好き嫌いだけで決めてしまうのは損で、ヘアスタイルによって、〝顔や頭を小さく見せる〟ことや、〝スタイルをよく見せる〟ことだってできるのですから。

でも、だからといっていきなり美容院にとび込むのはダメです。ヘアスタイルを変えたいときには、美容院に行く前にまず自分で研究してからにしましょう。まず雑誌などに載っている写真で好みのスタイルを見つけます。そして「こうしたらどうなるか」というのを大まかに、ピンやクリップやジェルでもムースでも使って、シミュレーションしてみて、雰囲気やボリューム感を見てみます。ある程度ちゃんと服を着て（部屋着じゃなくて、靴も履いて！）全身で見なくてはダメですね。

〝背が高く見える！〟とか〝スッキリシャープな感じ〟などと、顔だけで見ているのとはずいぶん違う感じになるでしょう？

バランス的に「どう見えたいか」がつかめたら、それを美容師さんとコミュニケートできれば、とんでもない失敗はありえません。「おまかせします」というのは美容師さんにとっても、ありがたくはないそうです。要望をちゃんと聞いたうえで、ベストを目指して対処してくれるのがプロというものなのですから。

次はいろいろポイント・アドバイス、思い当たることがあったら鏡の前で即、チェックです！

顔はなるべくスッキリと出す

「顔が丸い、大きい」「エラがはっている」などを気にして、前髪やサイドの髪で顔やりんかくを隠したがる人がいますが、それは逆効果となります。部分的には隠しているつもりでも、全体のバランスから見たら、顔をおおう髪の毛の面積が多くなるので、頭を大きく重く見せてしまいます。

顔は、思い切って出してしまったほうが、絶対にスッキリ見えるもので、かえって、気にしているところも目立たないものです。

自分が必死に隠したいところというのは、意外と人から見たら「あら、そうだったの？」と、気の抜けるくらいの反応ということはよくあるものです。

カラーリングで印象を変える

メイクのところで「口紅の色もカラー・コーディネートの一部」と書きましたが、髪の毛の色にも同じことがいえます。黒い髪とは服を違った感じに見せられるということと、私たちの黒く大きく重たげな頭を軽い感じに見せられることが、今のカジュアルなファッションの流れとリンクして、もう特殊なことではなくなりました。髪の色を変えたら似合う色が増えたとか、服を着るのが楽しくなったという話は、ヘア・カラーリングした人からよく聞く話ですね。

前髪に少し〝メッシュ状〟に明るい筋を入れるだけでも、ヘアスタイル全体に立体感が出て軽く見え、顔も明るく見せるので〝顔の印象が暗い人〟にも有効なテクニックです。

髪の毛の長さはボリューム感を考えて

服の丈にはけっこう神経質なのに、〝全身のバランスとしての髪の長さ〟には、意外とツメが甘いということはないでしょうか？　〈髪の毛のボリューム＝頭の大きさ〉とすれば、ショート・ヘアのほうがバランスよく見えるはずですが、ただ短ければということではありません。「髪の毛がかたくて多い」「額がせまい」「衿足が長くて厚い」など、〝日本髪〟を結うためには理想的（？）だった条件が、ショート・ヘアの場合はアダになって、頭皮の面積が大きいうえ、ただ短く切っただけでは逆にふくらんでボリュームが出たりで、中途半端なショートはかえって頭を大きく見せることもあります。注意することは、全身のバランスをいちばんに考えることです。その点〝猫っ毛〟の人はボリュームがおさまりやすいのでショートに向いているといえます。

私はずっと長い間ロング・ヘア（それもボリュームあるソバージュ……）にしていて、ある日突然ベリー・ショートにしたのですが（失恋ではなく、自分の顔やイメージにあきして）、そのとき、まわりの人から似合う似合わないよりも「前よりやせて見える」とか「背が高く見える」といわれたのがショックで、それ以来髪を伸ばせなくなってしまいました（そんなに私って、前は〇〇で、△△だったわけ？）。

後ろからも横からも見る

髪の毛のボリュームは、前からよりもいちばん面積の広い後ろや横から見てみないとわかりにくいものです。特にロングの場合、自分の後ろ姿を見てみましょう。背中の

〝自慢の黒髪〟は、思ったよりも強烈なボリューム感や存在感があるものです。バランスとしての長さに気をつかったり、グラデーションやシャギーなカットを入れて、軽くソフトに見えたほうが、スマートな印象になるでしょう。

無難なヘアスタイルとは、中途半端ということ

一般的に、無難な感じのヘアスタイルとは、長さは肩前後くらいで中途半端、ウェーブもあるかないかの中途半端、前髪もなんとなく額に下がっていて中途半端、「どう見えたい」というポイントが定まっていないから当然、印象としても〝キメがない〟ので、おしゃれに見えないどころか、野暮ったく見えることのほうが多いものです。

そのうえ頭が大きく見えます。肩までの長さは、たぶんなんとなく女らしい感じがするのでしょうが、全体だと〝肩のところまでくる大きな頭〟というバランスになって、後ろから見ると肩の上から上が全部〝頭〟に見えてしまいます。

ということで、いちいちヤセたの太ったのに一喜一憂するくらいだったら、以上のことをしっかりチェックして対処したほうが、よっぽど効果的だと、経験上からも（！）アドバイス申し上げます。

☆髪の分量は"頭の大きさ"に……！
どちらがスタイルよく見える？
自分では見えない
後ろ姿にも注意！

4．眼鏡《めがね》で変える、顔のイメージ

眼鏡はアクセサリーと考える

眼鏡で顔のイメージを簡単に変えられることは、メイクよりも即、効果があるといえます。

そして「ちょっと変身！」用や気分転換、おしゃれの小道具としても楽しめる上、寝不足や疲れなどの体調がすぐ出てしまいがちな目をカバーしたり、ちょっとナーバスで心が不安定なときにも助けてくれます。化粧直しをする時間がないとか、突然メイクなしで出かけなくてはならないときでも、眼鏡があればなんとかゴマかせたりでほんとうに便利！と、絶賛する私は、大の〝眼鏡好き〟です。

しかし、目が悪くて長い間眼鏡をかけている人ほど、このような効用をあまり楽しんではいないようです。デザインも「できればないほうがよいと思っている」せいか、なるべく気にならないおとなしい感じのものを選びがちで、これでは〝無難なヘアスタイル〟と同じようなことがいえる結果になってしまいます。要するに顔が特徴のない感じに見え、妙に落ち着いてしまって老けて見えることだってあります。

せっかくファッションに気をつかっていても、その〝無難〟な眼鏡のおかげでイマイチな印象になってしまいます。（きっと自分では、見慣れていてわからないのかも？）

どうせかけるのなら、素敵な〝ダテ眼鏡〟に見られるくらいとか、自分のキャラクターの一部にするくらいの楽しく前向きな選び方のほうが、絶対におしゃれに見えるものです。

自分に合った眼鏡を選ぶには、あまり決めつけずに〝遊び心〟をもって片っぱしから数多くのタイプを試してみることです。自分の先入観が邪魔するのだったら、友達に一緒に見てもらってもいいですね。違ったタイプをかけてみれば人格まで違って見えるようです（だから昔から変装の七つ道具には必ず入っている）。〝なりたい自分眼鏡〟というのでもいいのでは？

眼鏡を替えて、新しいイメージの自分を発見するのは楽しいし、それでリフレッシュした気分にもなれるし（顔はあきても取り替えられないけれど、眼鏡は取り替えられます）、意外性あるチョイスが〝おしゃれな感じ〟や〝センスのある感じ〟になることも多いので、眼鏡はアクセサリーともいえます。眼鏡をかけていても、メイクは効果的で、特にマスカラなどの目もと、眉、口紅の色など、ポイント・メイクの効果がおしゃれ感を演出します。

眼鏡のタイプ別の選び方とイメージは、

★ボストン・タイプ

〝お勉強メガネ〟のイメージですが、キリッと知的に凜々《りり》しく見えるので、仕事のときなどはバッチリ〝デキそう！〟なイメージに。顔が引き締まって見える効果もこのタイプがいちばんなので、フレームの太さを選んだり、オーソドックスな黒・茶系以外にも、カラーフレームのものだと全然違って見えるので、キャラクター性が出たり、アクセサリーっぽい印象にもなります。

★メタル・フレーム

注意しなくてはいけない〝無難系〟のイメージなので、特に〝地味顔〟の人だと、まったく特長がなくなったり、老けた印象や、神経質そうに見えてしまったりもします。逆に〝派手顔〟や、顔の印象が〝濃い人〟だと、顔をやさしくデリケートに見せたり、知的な雰囲気に見せる効果もあります。縁なしタイプも同じです。

★フォックス・タイプなど

フォックス・タイプにかぎらず、特徴があって遊びを感じさせるデザインのフレームは、うまく選ぶとキャラクターづくりにもなり、おしゃれっぽいイメージも演出できるので、「自分の顔が物足りない」（？）とか、「もっと人に印象づけたい」と思っている人だったら〝顔の一部〟にしてしまうのも手です。

★アクセサリーっぽいデザイン

金具の飾りが目立ったり、何色もミックスされているとか、アクセサリーっぽい要素があるフレームは、ひとつをかけっぱなしにしたい人は、選ばないようにしましょう。どんな服にでもいつも同じアクセサリーをつけているようなものだからです。（オバサマ族によく見られるきらびやかなものも同じことが言えるわけですが）

選ぶときには、形だけでなく眼鏡と顔のサイズとのバランスも見ましょう。小さいレンズのものや、目と目の間隔が狭いフレームは、顔の大きさや幅を強調してしまうことがあります。

ちなみに私は中学生のときに眼鏡にすごく憧れ、寝る前に毎晩本を読んだ努力のかいあって（？）目が悪くなり、「やったあ！」とばかりに眼鏡をつくってもらって、とてもうれしかったのでした（当時女の子にしては珍しい、黒のボストン・タイプ、ヒネクレていた）。それ以来〝眼鏡好き〟は今でも変わらず、いつも二、三個はもち歩いているし、眼鏡屋さんがあったらついのぞいてしまうのが習慣です。

眼鏡の楽しさや効用を知ってしまうと、着る服やシチュエーション、気分によって使い分けたくなり、だんだん数が増えたりしますが、眼鏡を日常的に使う人だったらいっそ楽しんでしまうのもいいのではないでしょうか。

CHAPTER 7

T・P・Oの服装術

1．常識プラス、日頃の観察と想像力

おしゃれな人の冠婚葬祭礼服のハズレ度

Ｔ・Ｐ・Ｏのもとの意味は「ＴＩＭＥ、ＰＬＡＣＥ、ＯＣＣＡＳＩＯＮ」ということで、なんと一九六〇年代の日本の造語だそうです。洋服を着るための基本的な常識がまだちゃんとしていない時代で、ファッションやおしゃれの情報が今のようにはなかったので、なんらかの〝お約束〟をつくってわかりやすくしようということだったのでしょう。言葉としてはいまだに生きていますね。

しかし、全般的なファッションのカジュアル化で、もう、おカタい意味でのＴ・Ｐ・Ｏは必要ないようなものですが、逆にそういうときでもただ〝お約束〟に合わせてというだけでなく、それなりのおしゃれ感やセンスを求めるようになってしまったので、かえって悩む人も多いようです。

また、ふだんはさり気なくおしゃれな人なのに、結婚式やパーティー、お葬式などいつもと違うシチュエーションだと、ガンバリすぎたり、逆に〝お約束〟どおりすぎておしゃれに見えなかったりすることもあるようです。

しかしこういう場合は自分ひとりだけのことではなく、まわりの人や状況とも関係が

あるので、基本的にはある程度常識的なT・P・Oを知ったうえで、どの程度だったら〝悪目立ち〟や〝差しさわり〟や〝迷惑〟や〝失礼〟がないかを、自分の想像力を駆使してアレンジするということではないでしょうか。

そのためには日頃、いろいろウォッチングしておくことも大切です。結婚式やお葬式で、どんな服装の人がよい感じでおしゃれに見えるのか、自分にも取り入れたいところがあったか、などということですね（当然、失礼にならないように、ジロジロ見ないでさり気なくチェックする、というのもおしゃれになるための〝必須テクニック〟）。そういう意味では、テレビのニュースやワイド・ショーを見ていても、参考になることはいっぱいありますね。

2. いちばん制約のあるお葬式で

服自体よりも、きちんとして見えること

突然の訃報《ふほう》は、取るものも取りあえずという場合もありますが、いくら悲しくてもやはり、それなりの服装でないと失礼な印象になる場合もあります。

基本的には、大人の常識として、いざというときの服はワードローブに必ず用意しておくべきでしょう(と、若い頃から母にずっといわれてきました。「ふだんはどんなトンデモナイ格好をしていてもかまわないけれど、黒い服はちゃんとしたものをいつでも着られるように用意しておきなさい」と)。

ただし〝ダンスの肥やし〟になったり、着ないうちに〝流行遅れ〟になってしまうことはなるべく避けたいので、それ以外のときでもコーディネート次第で着られるようなものがよいと思います。

しかしお葬式とはいえ、着こなしとしてはアクセントをつけない黒ずくめの服装というのは、なかなかおしゃれに見えるのがむずかしいものです。メイクをあまりおさえると、〝疲れた感じ〟や〝やつれた暗い感じ〟に見えてしまうので、口紅の色は少しおさえてもある程度メイクはしていたほうがよいと思います。

スーツの下に白いブラウスやシャツを組み合わせても、私はかまわないと思うのですが。持っている黒い服が少しカジュアルっぽい感じのする素材感や、デザインによってあらたまった感じになりにくい場合など、白の清潔感がある糊《のり》のきいたシャツや、スッキリとシンプルなブラウスを合わせることによって、端正に引き締まった感じになるからです。

ときどき見かけるのは、黒だったらなんでもいいとばかりの、普段着っぽい感じのするニット・スーツやセーターなどです。お通夜は別としても、式のときにはラフな印象になってしまいます。

黒という色は、素材感によって貧相に見えたり、清潔感がなくなったり、昼間だとホコリや、着古していると毛玉なども目立つものですから注意したいものです。

しかし、多少のルールうんぬんよりも、問題は気持ちのあらわれですから、服自体のことよりも〝きちんとして見えること〟が先決です。あとは状況判断で、目上の人が多いかとか、故人とのかかわり方なども関係します。そういうことを考えたうえだったら、その中で自分らしいおしゃれ感を出すというのは当然工夫してもよいのではないでしょうか。

私は、やはりお葬式のときもパンツ・スーツで出席することが多く、「えーっ、それでもいいの？」と聞かれることもありますが、礼儀をわきまえたきちんとした感じに見えれば失礼はないと思っています。

現実的なアドバイスとしては、前後に仕事や他の用事があって、あまり〝いかにもふう〟に見えたら困る場合などは、スカーフを一枚バッグの中に入れておけば大丈夫（スカーフが、〝服の雰囲気を一変〟させるのは「CHAPTER　4・コーディネートのやり方って？」にありましたね）。それにイヤリングやネックレスなどアクセサリーをプラスしたらエレガントに変身可能。黒のスーツの場合でも、時間の余裕があるときは、ニットやシャツなど、ラフなものをインナーに合わせて〝カジュアル・ダウン〟すれば、かなりふだんの感じに見せることができます。

3・結婚式は場を考えて

場に合わせた服装を演出する

結婚式に出席するのに「ファンシーなドレスは苦手だし、和服もたいへん」「あまりいつもの自分と違った格好はイヤ」「特別なときだけでなく、できればふだんも着られる服がよいのだけれど……」と、こういう相談を受けることはたいへん多いのです。

結婚式もとても多様化しているので、まず知りたいのは〝場所とシチュエーション〟です。結婚式場、ホテル、レストランなどの場所のことと、規模や出席人数のことなどをまず聞きます。なぜなら服装の程度や引き立ち度を決めるには、場所を考えるのがいちばんわかりやすく、一流ホテルなどの重厚感あるゴージャスなインテリアの中では、素材感がまず気になります。

こういう場所では服自体のクォリティー感を優先しないと〝場に負ける〟こともあって、安っぽい薄っぺらな印象になってしまうので、きらびやかさや華やかさのことよりも、しっくり場に合って上品な感じをベースと考え、あとは小物などのアレンジで、自由に華やかさを演出するのがよいと思います。

レストランなどあまり大きくなくてなごやかな雰囲気の場所には、特に結婚式だからというふうに考えずに、ちゃんとおしゃれしてディナーに行くくらいの感じでよいのではないでしょうか。ガンバリすぎて浮いてしまうのは、広くない場所ではつらいものです。

「こういうときだからこそ派手に目立ちたい！」「ふだん着られないものを着てみたい！」のはかまわないのですが、〝主役は花嫁〟ということを忘れずに。それも礼儀のうちですね。

あまりふだんの自分のイメージとかけ離れたくない人のほうが、あれこれ悩んでしまうようです。「できれば普通の服で出席したいのだけれど、おかしくないかしら？ 失礼にならないのかしら？」ということも気になるようですが、それこそコーディネート次第なので、どこかにふだんとは違う華やかさやおしゃれ感が演出できればよいと思います。この場合の〝普通の服〟は、比較的シルエットがきちんとしていて、ある程度グレード感があるものなら、派手でなくても意外と引き立って、場所に映えるものです。

もしも職場から直行ということでも、服はそのままでアクセサリーやスカーフ、靴、バッグなど、簡単に替えられて荷物にならない小物を用意しておけば、かなりドラマチックに変身することが可能であることは、この本をここまでちゃんと読んでくださった人にはおわかりですね！

4・海外旅行にこそ必要なT・P・O

欧米では夜の服が一日の主役

外国の街でよく「旅行中だから」と、朝から晩までどこへ行くにもTシャツにジーンズにスニーカー（そしてリュックかウエスト・ポーチ）という格好の、きっとおしゃれに興味がある盛りに違いない若い日本女性を目にすると「まだまだなのかな……」と、ちょっとガッカリします。それが高級品や一流ブランドの店だったりすると、ちゃんとした接客をしてもらえなくても文句はいえません。考えてみても日本でふつう、街へファッションのショッピングに行くのに、わざわざハイキングのような服装はしないでしょう？

ショッピングのときにはそのくらいですむかもしれませんが、夜、雰囲気のよいレストランということになると……？　はっきりいって本人たちへの対応より場所の雰囲気をブチ壊して失礼していることにだってなりかねません。せっかく、外国という異文化の地へ行くのですから、やみくもに自分の目的を遂行するだけではなく、習慣の違いをわきまえて、なるべくその雰囲気を楽しむ方向でいたいものです。

欧米で、絶対的に違うと思えるのは〈夜〉に対してのとらえ方でしょう。日本人は、夜は休む、くつろぐ、という習慣ですが、欧米では〈夜〉こそ一日の主役、人々がいちばん美しく見え、真実を語るにふさわしい素敵な時間ということなのですから。昼間の働いていた服を着替え、一日のハイライトであるディナーを心ゆくまで楽しみ、もちろんロマンチックな期待もあるでしょう。

私にとっては旅先で、そういう夜を楽しんでいる人たちが集まる場所に出かけ、自分も楽しい雰囲気に浸《ひた》れることのほうが食事の内容うんぬんよりもよっぽど楽しいことです。

観劇の場合でも、ニューヨークのメトロポリタン・ホールにオペラを観に行ったことがありますが、それぞれドレス・アップのランクに差はあっても、「オペラを観に来ているんだ！」という、日常とはかけ離れた晴れがましい気持ちがそれぞれの人にあらわれていました。ゆったり談笑したり、待つ時間をも楽しんでいる感じが伝わってきて、より楽しもうということを一人一人が演出している感じで、日本のコンサート・ホールの「ただ観に来ている」という雰囲気とはずいぶん違うものだと思いました。

外国で友人の家に招かれたときも、昼間はみんな気取らないラフな感じでいるのに、「さあ、ディナー」とテーブルに集まったら、男性はこざっぱりしたシャツに着替えていたり、女性はきれいなストールを肩にはおったりして、さっと雰囲気を変えています。

こんなふうにさりげなくドレス・アップする感じは、ディナーがより素敵で華やかな気分になるし、場もなごんで、単に服だけのことではなくいい習慣だと思います。

また外国では、ある程度気をつかった服装をしていると〝ちょっとした待遇が違う〟というメリットを感じることもよくあります。「おしゃれな人に敬意を払ってくれる」というのも、文化の違いといえるかもしれませんね。

CHAPTER 8

おしゃれな人とは？

1. ほんとうはパターンなんかない

〝他人という鏡〟で〝我がふり〟を直す

こうやって、おしゃれに関することをツベコベ書いていると、まるで「だれでも、ファッショナブルでトレンディーに見えなくてはいけない」ようにとられるかもしれませんが、ほんとうに〈おしゃれな人〉というのをひとことでいえば、見かけもふくめて「自分を大事にして、生かしている人」ということではないかと思います。多くの章に分けて細かく書いてきたことは、そのためのマニュアルではなくヒントだと思って役立ててほしいのです。

個性的なデザインの服を着れば〝個性的〟になれるとか、高価な服をいっぱいもっているとか、ファッショナブルなブランドの服をいつも着ていれば〈おしゃれな人〉といわれるわけではありません。どんな服を着ても、その人らしさが出ていなくては意味がなく、世間の価値観ではなく自分の基準をもっていなければ、〈スタイルのある人〉とか〈テイストが感じられる人〉にはなれません。

そのためには、とにかく自分への興味・分析をしてみることです。「自分のことなんか、百も承知で当たり前」と、思うかもしれませんが、つき合いが長すぎて（？）見慣れてしまっていたり、意外と自分のことは都合よく見てしまっていることも往々にしてあります。

自分の性格を把握するのがそうは簡単ではないように、自分の姿を雰囲気もふくめて客観的に、冷静・的確に見ることは意外とたいへんな作業です（だから鏡、鏡！　とシツコく出てくる）。でも性格や心理などとは違って、幸い〝見えるもの〟なので、まずは先入観を捨てて、頭をやわらかくして、素直な気持ちになることです。

そして〝他人という鏡〟も利用して、我がふりを直すこともできますね。

私が「もっとおしゃれになりましょう」というと、「ファッション関係だからそんなことという」とか、「そんなお金もヒマもないの」とか「見せたい人がいないんだもの」とか、本当だったらかまわないけれど（絶対、そんなことはないと思いますが）、おしゃれでいたいのなら、素敵になりたい気持ちがあるのなら、言い訳は無用です。おしゃれというのは、何より自分が自分らしく毎日を過ごすためなのですから。

美の基準は不確かでうつろいやすい

たとえば私が忙しい専業主婦で、おこづかいがあまりなかったとしても、私はちゃんと「自分なりにおしゃれでいたい」と思うでしょう。ダンガリーのシャツ、ジーンズ、チノパンツ、黒のタートルネックのセーターなど、きっとこのくらいで暮らしているのではないかと思います（現に、休みの日や家ではそうです）。あとは、黒のジャケット一枚ときれいな黒のパンツと、たまにはバーゲンのTシャツやニットで明るい色を組み合わせたり。それがその場合の、妥協のない〝私のスタイル〟と、堂々といえるようにしたいのです。

また、〈美の基準〉というのも、とおり一遍のものではありません。あの美しいスーパー・モデルの人たちでも、子供の頃やモデルになる前はコンプレックスのかたまりで、いじめられたという話もよくあって、並はずれた身長や手脚の長さも〝大女・クモ女〟とか、特徴やメリハリのある顔立ちも〝ヘンな顔〟といわれて、まともに恋愛や結婚ができないと思って資格を取るなどという、地道な人生設計を立てていたり（！）と、信じられないような話も多々あるくらい、美は不確かでうつろいやすい基準でしかないのです。

正直いってファッション的にはやはり欧米女性のルックスに憧れることは多いものですが、欧米人男性の中には日本女性の〝扁平な顔〟や〝長い胴〟〝短い脚〟〝小さい身体《からだ》〟など、私たちがコンプレックスに感じているようなところを、〝魅力的〟〝可愛らしい〟〝セクシー〟と感じる人もいるのを、じっさい耳にしたことがあるので、「あまり決めつけては、損しちゃうかも！」、心も目も広くもつことですね。

「どうせ私は……だから」と、自分をなおざりにしてしまったり、「あんなふうだったらいいのに……」というような〝たら・れば〟はやめて、一所懸命自分のチャーム・ポイントの可能性を探して、見直し、磨くことができたら、それがいちばんだれにも真似できない素敵なことで、ほんとうのおしゃれになれることにつながるのです。

2. 服は〝額縁〟なのです

全身を、離れて目を細めて見ることに慣れる

私が思う、おしゃれな人のイメージとは？　「素敵だった」という印象だけ残って、どんな服を着ていたか思い出せない、というのが最高かもしれません。

すれ違ったとき「あ、カッコいいな、この人！」と、でも色や特徴のある部分は断片的に覚えていても、あとは漠然《ばくぜん》としてしまうのは、服などのものがその人のイメージに包み込まれているからなのでしょう。ファッションの仕事をしているのに、たとえばこういうふうに服のことを思い出そうとしても思い出せないのは不甲斐ないことですが、かえって自分としてはそんな刺激を受けたことのほうがうれしかったり。

服が目立つのでなく、主役は着る人でありたい、だから服は重要な脇役で、たとえるなら〈絵と額縁〉の関係に似ていると思います。

展覧会で絵を見ていると、ふと額縁が気になることがあります。重厚でクラシックな油絵だと、かなり装飾性のある派手な額縁のほうがつり合って絵がよく見え、スッキリシンプルなものがついていると貧相に見えたりすることがあったり、でも絵によってはモダンな印象になって意外性のあるよい感じに、とか、気になりだすと絵自体よりも

〈絵と額縁〉の相性や関係ばかりに目がいってしまったり。

いえることは、その額縁が合っていれば、どんなに過剰に見えるデザインでも気にならないのだけれど、合っていないとすごく気になって、絵の鑑賞としては気が散ってしまうのです（そんなの私だけかな？）。

〝服＝額縁〟説というのもそういうことで、どんな派手な面白い服でもその人に合っていれば素敵に見えますが、そうでないと服ばかりに目がいって気になり、主役であるべき着ている人の魅力をかすませてしまっては、意味がないということです。

絵を描く場合を考えてみると、基本の構図を決めるとき、デッサンを確かめるとき、立体感を見るとき、全体の色調をととのえるとき、最後の仕上がりを確認するときと、すべてのプロセスで「離れて、目を細めて、見る」ことを何回もします。もちろん最後に額縁を選ぶときだって、やはり同じように見ることでしょう。

〈自分と服〉の関係も、同じように見てみると意外にわかりやすいものです。距離をもって、目を細めて、一部分だけ見ないで、全体を服と一体化させたカタマリとして見るのです。むずかしいことではありません、そういうふうにして見ることに〝慣れる〟ことだけです。

目立つことと引き立つことの区別

また外国の話になりますが、この見方の距離感の違いをとても感じることがあります。街角からおしゃれなカッコいい人が歩いてきます。でも近づいてきてよく見たら、別にどうという特別なものを着ているわけではありませんでした。これは、たぶん習慣的に服を着る人が〝遠目でバランス〟をとっているからなのだと思います。

日本人の場合に多いのは、一見目立たないのだけれど、よく見るとけっこう凝《こ》った高価そうなものを身につけている人たちで、外国の状況とは正反対といえるでしょう。

これは国土面積のせいとか、国民性の違いとか、農耕民族と狩猟民族との違いとか、きっといろいろな理由があるのではないかと思いますが、こだわったりお金をかけているのにパッとしない、というのは、損している気がしませんか？

毎日服を着るときにいちいちそんなことを考えていなくてもいいのですが、大きな会場のパーティーや、大勢人のいるところに行く場合には、ちゃんと頭に入れておいたほうがなにかと有利といえるでしょう。

そういうときにガンバって、派手な色やデザインの服を着ていく人がいますが、〝ただ目立つ〟ことと〝引き立つ〟こととは、別のことです。どういう服がよいかは一概にはいえませんが、〝遠目で見てみる〟感覚をはたらかせることです。必要があれば、三メートル五メートル離れて見てみるくらいの気持ちでなくてはいけません。自宅で無理なら「ちょっと街へ出て見てみよう」ということでもいいですね。日本には昔から「押し出しがいい」という言葉があり、いわばこういうことを指しているのではないかと思います。

こういう遠目で見るバランス感覚を身につけると、知らず知らずのうちにカッコよく引き立つように見えてくるでしょう。

そんな理由で、私が服をつくるときは、いつもよい〝額縁〟になってほしい、と思っているわけです。今、この時代の日常で、現実の背景とも折り合いがよく、流行の先端を気取らなくても確かに時代の空気感をもっていて、着る人のよりよい〝額縁〟となって、その人の魅力が引き立ったときには、服の印象は消えてしまっている……、ような感じが理想なのです。

EPILOGUE

私事で恐縮ですが……

EPILOGUE　私事で恐縮ですが……

おしゃれでいるためには妥協しない

気がついたらファッション・デザイナーとして、二五年も仕事をしてきてしまったことに自分で驚くことがあります。子供の頃から、洋服やおしゃれに興味はありましたが、デザイナーという仕事が一般的に知られている時代ではなかったし、女性が働くこともまだ当たり前ではなかったので、ファッション・デザイナーになりたいなどという、信念や意志があったわけではまったくありませんでした。

しかし、決して傍目《はため》で見るほど楽ではない（やめようと思ったことも何十回！）この仕事をやり続けてこられたのも、特に華やかなイメージを追求するというのではなく、日常的に服を着なくてはならないのなら、「どうせ着るなら、よりよく見えたい、よりよい気分で過ごしたい」という、私自身の非常にシンプルなこだわりにつき動かされてきたのではないかと思います。

今回この本を書くことになって、忘れていたような今までの自分の考えがいろいろ掘り起こされてきて、「じつは、そうだったのだなあ……、私」などと、今頃になって、いちいちあらためて確認することも多くありました。

たとえば子供のときのことでも、おしゃれには興味があっても、ただきれいな、とか可愛らしい格好をしたいということはまったくなくて、服に対しては、子供らしくないほど好き嫌いがハッキリしていたようです。

小学生の頃は、当時どこの母親もそうしていたように、私と弟の服はほとんど母のお手製でした。一緒に生地を買いに行ったり、どんなふうにでき上がるのかをミシンのそばで見ているのも好きでした。

まだジーンズなど売っていない時代で、母の縫った、裾にチェックの折り返しのついたデニムのパンツがお気に入りで、どこへ行くにもそれをはきたがった（そんな服の女の子は他にいなかったので、かなり〝ヘンな子〟だったことでしょう）ことなんて、今思うととても不思議な気がします（あまり、変わっていないような気がするので）。

また親戚同士で〝お下がり〟の服をまわし合う、というのも当たり前の時代で、青山に住む年上のおしゃれないとこからは、いつもかなり〝ハイカラな服〟がきました。

ある夏、多摩川の花火大会を見るパーティーへ家族で出かけるとき、そのいとこのお下がりの〝白い上品な可愛いワンピース〟を着せられた私は、どうしてもそれで出かけるのがイヤだとゴネて、でも無理やり連れていかれ〝すごいふくれっ面〟で写真に写っているのが証拠として残っています。

たぶん小学校二、三年生のことでよく覚えていないのですが、ファッションの仕事をするようになってから、よく母が「あなたには、そういうところが子供の頃からあったわね。どんなきれいな服でも、気に入らなければ絶対に着ないのだから」と、おかしそうに話していましたっけ。

こういう話を思い出すと、自分の本質的な部分って意外と変わっていないものだ、と思うと同時に、おしゃれでいるためには、妥協しないで選択する意志が必要なこと、そういう小さいつみ重ねが今の自分をつくってきて、こういう仕事をするに至っているのではないかと思わざるをえません。

中学の頃になるとだんだん注文もうるさくなり、アイビー・ルックが流行る前でしたが、ギンガム・チェックのボタン・ダウンのシャツを近所の洋裁のできる人に頼んだりして、今思うと〝デザインもどき〟のことをすでにしていたようです。

高校生になっておしゃれ心がムクムクと目覚めてくると、海外のファッション雑誌が目に入ってきて刺激され、もう「人のつくるものでは満足できないっ！」とばかりに、家にあるミシンで母に助けてもらいつつ、雑誌のパターンのページを参考にして見よう見真似で〝着たい一心〟、どうにか着られるものをつくっては悦に入っていました。

「太め」の自分がデザインの基盤をつくった

デザイン・スクールに入った頃は、原宿にやっとブティックが数軒できはじめ、でも、そういうところのものは学生にはとても高くて買えず、そのうえ私はかなり「太めだった！」のでどっちみち着ることもできず、パンツやジャケットに近いものまで、ほとんど自分の服は自分で縫うようになっていました。まったくの自己流ですが、これが私の服づくりやデザインの基盤になっていったのだと思います。

ファッション・センスはやはり、母にいちばん影響を受けたといえるのですが、若い頃、私がトンデモナイ格好をしていたときでも、一度も非難がましいことをいわれたことがなくて、いつでもおもしろがって見ていてくれたのも、私にとっては幸せなことでした。

大正生まれで、青春時代に戦争があったにもかかわらずとてもおしゃれ心があって、若い頃の母の写真は今見てもなかなかで、そんなことにかまっていられない当時の状況からすれば〝とてつもなくおしゃれ〟だったということが想像できます。

女らしいファンシーな服が好きではなく〈テーラード・スーツ〉が好きで、実家の仕事の手伝いをしては、わざわざ銀座の紳士服テーラーで仕立ててもらっていた、などと聞いて、「なんだー、私は母がやっていたことの真似をしているのかな」と思ったこともありました。

また戦争中の非常時に〝もんぺ〟の裾のゴムを取って、パンツのようにしてはいていたら「愛国婦人会の人にひどく怒られちゃってね」とか。

私はこの話、けっこう好きなのです。どんなときでも、制約がある中でも、おしゃれ心や自分なりのスタイルを見つけようとするのは、とても好ましいことではないかと(当時は、〝非国民〟といわれたかも……?)。

終戦を告げるラジオ放送が流れたときは、「これでジャズが聞ける! ダンスにも行ける! アメリカ映画がまた見られる!」などと思ったそうですから、まったく……。

といっても、母は決してブッとんだタイプではなく、父と恋愛結婚して、お姑《しゅうとめ》さんもいるサラリーマン家庭のよき妻・母をまっとうしましたが。子供の頃の母のイメージは、アイロンのきいた綿のチェックのブラウスにタイトスカートといった、つつましいながらも凛《りり》々しい印象でした。

中学までは祖母も一緒だったのですが、彼女がまた明治生まれのおしゃれ好きで、日常的に父母・祖母の三人のおしゃべりに「あの人はセンスがあるね」とか「アカ抜けているよ」「粋《いき》だね」などということばが聞こえては、「センスって何?」「アカ抜けてるってどういうこと?」「粋って?」とか、意味がわからなくて知りたがったのを覚えています。

　また父母はとても映画好きで、特に当時の洋画はほとんど見ていたくらいでした。だから日頃映画の話題も多く「あの映画のあの場面で、こういう服を着ていて、そのときの仕草《しぐさ》がとても素敵で……」などという話で、服自体のことよりも、その人の魅力や、仕草や態度、雰囲気ということを多く聞かされていたせいか、〝服は額縁〟説になってしまったのかもしれません。

　しかし、この本を書いてみて、私はふだんはものごとを断片的にしか考えられないタイプの人間だったということがわかったのです。今まで雑誌の取材などでは、聞かれたことをそれこそ断片的に話しても、ライターの方がまとめてくださるので、自分ではそれなりのことをいっているように錯覚していましたが、〝全部ちゃんと自分で書く〟となると、こんなにたいへんだったとは……！

　さんざん文中に〈鏡〉のことを出しましたが、書くということは〈心や頭の中をうつし出す鏡〉でもあったわけですね。長い間ファッションの仕事をしていて、初めてこんなトータルな形で、自分の考えてきたことをこのように一冊の本にまとめたのは、たいへん苦しくもありましたが、自分のやってきたことをきちんと見直すよい機会にもなりました。

この本を書くきっかけは、友人でもあり私の服のファンでもある作家の倉橋燿子さんからでした。いつでも前向きで、おしゃれでありたい彼女は、時として私におしゃれや服に関しての質問を、たいへん真摯《しんし》な姿勢で聞いてくるのです。

長年どっぷり同じ仕事をしていると、自分にとっては当たり前でたいしたことでもないと思えることを、真っ正面から聞かれるとたじろいだり考え込んでしまったり、深く話しこんだりしたものでした。

しかし彼女にとってはとても新鮮なことや、興味深いこと、〝目からウロコ〟ということもあったりで、「ねえ、そういうことをまとめて本にしてみたら？　そういうこと知りたい人ってすごく多いと思うよー」という一言からだったわけなのです。

また、編集プロデューサーの長沢明さんには、私はコラムは書いていたことがあるとはいえ、一冊の本まるまる書きおろしは初めてだったので書きはじめて右往左往することも多く、何回も勝手に書き直していたにもかかわらず、悠然と構えてくださり「とにかく、よい本をつくりましょう」と、とても心強かったのです。お二人には、心から感謝しています。

そして、〝背中を一押し〟してくださったのは、今までショップなどで現実にお会いした多くの方々の質問や意見です。実際接した「生の声」で、自分の考えを再認識できたり、時には刺激を受けて、よりブラッシュ・アップできたりもしました。

みなさん、ほんとうにありがとうございました。

横森　美奈子
yokomori@minx_channel.com

文庫版のためのあとがき

この本は、私にとって初めて書いた一冊の本という以上に大きな意味がありました。というのは、EPILOGUEにも書いたように長いデザイナー生活の中であたふたと仕事に追われているうちに二五年もたってしまった時で、考えてみたらファッションの仕事というのは、自分で残さない限り何も残らないということに気がついたのでした。幸い友人のすすめもあったので、この機会に自分のファッションに対する想いを何らかの形にしてみたいと思ったわけです。

しかし内容としては、それまで定期的にショップでお客様に行っていたじっさいのアドバイスを中心にすればいいと思っていたのですが、書きすすめるうちに結局自分にとっての今までのこの仕事の意味を探って、考え込んだり悩んだりする羽目にもなり、一冊の本を書くということのたいへんさを思い知らされました。

あらためてそこで確認できたのは、私にとってファッション・デザインの仕事とは、〝服〟ではなく、あくまでも〝着る人〟が主体だったということです。

そのことをどうにか伝えたくて、「おしゃれは服だけじゃないのよ」「自分らしさを出すことなのよ」と、必死でした。まだ文章力が追いつかず、まわりくどい言い方になっていたりするのを今見ると恥ずかしいですが、想いだけはまったく変わらずに、さらに発展させた形で今仕事をつづけている自分を確認できてほっとしたり。

今回、文庫化のために加筆・修正しましたが、当時、本という性格上、ある程度時間がたっても違和感が無いよう現象面（その時の流行のもの、こと）にはなるべく注意したつもりだったのに、ほんの四～五年で完全に変わってしまったことがあって、部分的にそっくり書き直したりと、あらためてファッション時差（？）にもびっくりしたり。

当時は、ファッションで、このような〈エッセイ&アドバイス〉という本は無く、自分の本を探しにいくと本屋さんによって置いてある場所はまちまちで〝実用書〟として家庭医学事典や、冠婚葬祭や、お料理や、洋裁の本と一緒に並んでいたりしました。しかし最近は、ファッションやメーク、ダイエットなども含めたおしゃれに関する本のコーナーもできて、私もその後、何冊か書くことになりましたが。

このように、私にとって記念すべき大事な一冊が文春文庫で復活することは、たいへん幸せなことです。一冊目と同様に、お力添えくださった編集プロデューサーの長沢明さん、文春文庫編集部長の庄野音比古さん、編集部の上村美鈴さんに、心より感謝いたします。

二〇〇三年五月　　　　　　　　　　横森　美奈子

単行本　一九九八年十月　講談社刊

文春文庫 PLUS

「おしゃれ」になるにはコツがある

2003年6月10日　第1刷

著　者――横森美奈子《よこもりみなこ》

発行者――白川浩司

発行所――株式会社文藝春秋
東京都千代田区紀尾井町 3-23　〒102-8008
電話　03-3265-1211
文藝春秋ホームページ　http://www.bunshun.co.jp
文春ウェブ文庫　http://www.bunshunplaza.com

印　刷――凸版印刷

製　本――加藤製本

落丁、乱丁本は、お手数ですが小社営業部宛お送り下さい。送料小社負担でお取替致します。
定価はカバーに表示してあります。

ISBN4-16-766051-2

岩下久美子
人はなぜストーカーになるのか
日本におけるストーカー研究の第一人者が、ストーカーの行動と心理を解き明し、万一、ストーカー被害にあった時に備え、新たなストーカー規制法を駆使し、正しい対処法を伝授する。

P10-1

片山かおる
お受験
わが子を名門小学校に入学させたい！　五歳児を〝お受験〟に駆りたてる親たちの本音は何か？〝お受験ママ・パパ〟40人を徹底取材し、幼稚園・小学校受験の実態を探る異色のルポ。

P10-2

宮嶋茂樹
不肖・宮嶋　史上最低の作戦
不肖・宮嶋、死んで参ります！　ノルマンディー上陸、自衛隊PKO突撃、北朝鮮潜入、上九一色村のオウム……。世界の危険地帯を駆け巡る我等が「不肖・宮嶋」の、体当たり転戦ルポ。

P10-3

唐津一
不況に勝った松下幸之助とその社員たち
昭和恐慌、オイルショック——大不況をバネに企業を成長に導いた松下幸之助とその社員たち。かつて部下として幸之助の薫陶をうけた著者が活写する逆境克服の記録。

P10-4

宮嶋茂樹
不肖・宮嶋のネエちゃん撮らせんかい！
愚挙か、偉業か、本能か？　美女を求めて硝煙けぶる戦争真っ只中のボスニアへ。親兄弟や恋人を殺されたかも知れぬ若き美女に「水着になれ！」と言って撮った「原色美女図鑑」撮影記。

P10-5

岩下久美子
ヴァーチャルLOVE
コミュニケーション不全に陥った人々が蔓延する21世紀ニッポン。Eメールで出会って、ケータイで別れる……、そんなデジタルでつながる新しい恋愛のカタチに鋭く迫るルポルタージュ。

P10-6

文春文庫

文春文庫 PLUS

藤沢摩彌子
アサヒビール大逆転
どん底時代をいかに乗り越えたのか

圧倒的シェアを誇ったキリンビールに対し、明治以来の名門アサヒビールは低迷を続け、やがてシェアは10%を切り、会社存亡の危機に。そこからいかにして業界トップへと躍り出たのか。

P10-7

福﨑剛
マンション管理費はここまで節約できる
実例・年間1000万円の削減他

エレベータ等の管理委託や修繕積立金のトラブル実例を挙げ、良い管理会社の選び方、管理組合の健全な運営法を提示。管理組合の理事はもとより、マンション管理士を目指す人の必読書。

P10-8

魚柄仁之助
元気食 実践マニュアル155

超簡単・激安・ヘルシーな食生活を説きつづけて人気の著者が読者の要望に応えて披露した155の技。目からウロコのアイデア、子供からお年寄りまで喜ぶ美味メニューを満載した実践篇。

P20-1

椎名玲・吉中由紀
週刊文春「安全食生活」完全読本

週刊文春に連載時より読者の圧倒的な支持を受けた「安全食生活」シリーズが文庫になって遂に登場。食にまつわる環境が日々変化する現代。家族のために生活の安全を守るのはあなただ。

P20-2

今井登茂子
困ったときの賢い言い方
ハッキリ言えないあなたに

「友人のセールスの誘いを断りたい」「義父のくれた物が趣味に合わない」。ハッキリ言えない85の困った状況に、実践的指導で大人気の今井先生が答えます。人づきあいに悩む主婦必携の書。

P20-3

小山裕久
右手に包丁、左手に醬油

大阪「吉兆」で修業し、徳島の名料亭「青柳」を継いだ主人が、食の真髄を求めて、国内やフランス、北京、シンガポールなど世界を訪ねつつ考えた日本料理の「原理」をつづった随筆集。

P20-4

文春文庫 PLUS

鶴田静　エドワード・レビンソン写真
田園に暮す
ベジタリアン料理の草分け的存在である著者の美しい料理写真とレシピ、農村に訪れる日本の四季の穏やかな風景がカラー写真でふんだんに盛り込まれた、田園生活を満喫できるエッセイ。

P20-5

魚柄仁之助
儲かる古道具屋裏話
売れる商品とは？ 仕入れのコツは？ 古道具屋経営歴二十年の著者が、大サバイバル時代を生き抜くための商売の極意を披露する。貴重な商品写真とともに、抱腹絶倒のエピソードが満載。

P20-6

中村のん
勇気をだして着てごらん
TVコマーシャルや広告、雑誌などで活躍するトップ・スタイリスト「のんちゃん」が23年におよぶスタイリスト経験から「ほんとうのおしゃれ」について、その秘訣を綴ったエッセイ集。

P20-7

横森理香
横森式シンプル・シック
玄米菜食でみごとにダイエットに成功した著者が次に挑んだのは、生活のダイエット。衣食住すべてをいかにすっきりさせるか、ノウハウ満載。「シンプル」を極めると、豊かになれる。

P20-8

中原英臣・富家孝
医者しか知らない危険な話
週刊文春掲載時から大反響。暮し・医療に潜む恐ろしい驚愕の事実を現役医師二人が暴く。文庫用に最新情報が加筆され、更に充実の内容。生活に潜む危険を回避するには必読。

P30-1

病原体との共存を考える会
図解 感染恐怖マニュアル
改訂増補版
可愛いペット、恋人とのキス、カラオケのマイクが危ない！私達のすぐ側にいる多数の病原体は、いつも感染のチャンスを狙っている。感染症の症状・予防法・治療法を詳しく解説。
P30-2

文春文庫 PLUS

（ ）内は解説者

山下柚実

美容整形
「美しさ」から「変身」へ

シワ取り、シミ取り、二重まぶた、隆鼻、豊胸、脱毛、脂肪除去……。「お化粧感覚できれいになれる」「簡単に若返る」という甘い言葉は本当なのか？ 精力的な取材で実態をレポート。

P30-3

Dr.リンダ・サパディン ジャック・マガイヤー
（齊藤勇訳）

グズの人にはわけがある

本当に困っているのは、先のばし癖をもつあなただ！ グズ人間を心配性、夢想家、反抗者など六タイプで徹底研究。自分を苦しめ悩ます困った癖の直し方を、米国人女性心理学者が説く。

P30-4

山本令菜

山本令菜の0《ゼロ》学占い 決定版

驚異的な的中率で多くの著名人のファンを持つ0学。彼との相性、幸運に恵まれる時期、自分の進むべき道など、日々の悩みから人生の選択まで全てを解明します。生涯使える永久保存版。

P40-1

池田憲章・高橋信之 編著

ウルトラマン対仮面ライダー

60年代の光と70年代の影を背負って誕生した二大スーパーヒーロー、ウルトラマンと仮面ライダー。その謎につつまれた「創世神話」を解き明かし、輝ける「英雄伝説」の軌跡を追う。

P40-2

亀谷了

寄生虫館物語
可愛く奇妙な虫たちの暮らし

女子高生のお腹に合計45mの寄生虫がいた!? イタリアには寄生虫料理がある!? 「目黒寄生虫館」名誉館長が仰天エピソード満載で語る、奇妙だけど可愛い寄生虫物語。（伊藤潤二）

P40-3

岩佐陽一

70年代カルトＴＶ図鑑

70年代、子供達が熱狂したあのカルトなＴＶ番組が甦る！ なぜか米不足の解消を嘆願していたレインボーマン、みんな踊った電線音頭、巨大な斧で悪を滅ぼすバトルホーク他、名作揃い。

P40-4